書いて 覚えて 合格できる

第3版

1週間で日商簿記3級に合格できる テキスト&問題集

山田裕基 著

インプレス

本書の特長

- 本書は、日商簿記３級に１週間という短期間の学習時間で、合格を目指すテキストです。
- 著者の指示通りに学習すれば、実際に１週間で合格できる実力を養えるようなカリキュラムになっています。
- 日商簿記３級の合格ラインは70点以上ですので、合格だけを目指すのであれば、満点をとる必要はありません。
  本書だけでも80点以上をとって合格することが可能です。ただ、2級や１級の上位資格を目指すのであれば、できれば満点近くの得点を目指しましょう。そのために、プラスアルファの解説や問題も用意しました。
  著者のブログ等で補足情報を公開いたしますので、ある程度学習が進みましたらご参照ください。
- 本書を解説したWeb動画を無料で公開いたします。ぜひ、ご覧ください。
  ※ プラスアルファの解説や問題、動画解説などは、読者限定特典ページ内でご案内します。読者限定特典ページについては、343ページをご参照ください。
- 第３版刊行にあたって
  本番の形式に早くから慣れていただけるように、各章に配置していた確認問題をCBT試験対応形式に改めました。

インプレスの書籍ホームページ

書籍の新刊や正誤表など最新情報を随時更新しております。
https://book.impress.co.jp/

はじめに

外国人でもわかる簿記の本を目指しました

2020年、私は、ある外国語専門学校で講師として働いていました。中国人や韓国人の多い学校でしたが、日本で働く場合に簿記の知識があったほうがよいと、卒業予定の学生さんに半年間簿記を学んでもらっていました。
短い期間でしたが、私にとって大変貴重な時間となりました。

・まず母国語以外の言語で簿記を習うことの困難
・日本との商慣習の違い
・日本との会社制度や法律の違い

などなど、簿記を学ぶ以前に高い壁(かべ)がいくつもあるのですが、試行錯誤の授業のすえ、単純で明快な解決方法を見つけ出しました。
それは学生たちの「疑問」のすべてに応えていくということです。
本書の原稿をまとめるうえで、まずその疑問のすべてを網羅(もうら)しようと考えました。

「日本語にふなれな外国人でもわかる簿記の本」なら、簿記のことをまったく知らない日本の初学者の場合、むしろ短期間で同等以上の実力が養成できると考えました。

ぜひ本書を手に取っていただき、簿記の知識を身につけてください。そして日商簿記３級に合格してください。みなさんの健闘を祈っています。

山田裕基

本書の特長

❶ 7日間で読める

本テキストは日商簿記3級に80点で合格するためのテキストです。本テキストは、7日間で読み終えられるように作られています。1日の学習時間があまり取れない方は、14日間のスケジュールで進めてみましょう。

※ 目次の中の DAY 1 ～ DAY 7 にしたがって進めてください。

❷ 格段にわかりやすい、短いセンテンスの解説です

学習する内容がすっと頭に入ってくるように短い文章の解説を心がけました。そのため、1行あたりの文字数を少なくして重要部分を大文字にするなど工夫をしています。

❸ 理解度の確認と得意・不得意分野を知ることが大切

簿記に限らず、理解度の確認と得意・不得意分野を知ることが学習を進めるうえで大いに役立ちます。

そのため2つの問題を章の終わりなどに取り入れています。

確認問題：内容の理解度を確認するための問題

GOAL問題：得意・不得意分野の判定に役立つ、実力養成のための問題

※ 確認問題の一部とGOAL問題はダウンロード形式の読者限定特典となります。読者限定特典については、343ページをご参照ください。

本書の使い方

❶ まず7日間で取り組んでみる

まずは、7日間と決めて、テキストにひと通り、目を通してみましょう。そもそも時間が取れない方は無理せずに14日間と決めてテキストを読みましょう。

このときに多少わからないことがあったとしても先に進むようにします。テキストを2巡させるつもりで進めていきます。

「1つの章を完全に理解するまで先に進まない」

という考えもわかりますが、ここはだまされたと思って、先に進めてください。

❷ 確認問題を解いてみよう

確認問題は理解度確認のための問題です（ダウンロードして印刷する方式です）。確認問題は、本編の例題と全く同じ問題を使っています。この問題には、答案用紙❶と答案用紙❷があり、答案用紙❷はふつうの解答用紙ですが、答案用紙❶には、すでに解答がグレーで薄く印刷されています。

答案用紙❶

薄い文字を、上からペンでなぞって完成してください。

	借方科目	金　額	貸方科目	金　額
11月1日	保　険　料	12,000	現　　金	12,000
3月31日	前払保険料	7,000	保　険　料	7,000

保　険　料

11/1 現　金 12,000	3/31 前払保険料 7,000

前払保険料

3/31 保 険 料 7,000	

答案用紙❷

次に独力でやってみましょう（力試し用）。

	借方科目	金　額	貸方科目	金　額
11月1日				
3月31日				

保　険　料

前払保険料

そこで、

1巡目：答案用紙①で、正解をなぞってみる
2巡目：答案用紙②で、実力を試してみる

という使い方をします。

❸ GOAL問題にチャレンジしてみよう

テキストも2巡目に入ったら、GOAL問題を解いてみましょう。GOAL問題は確認問題よりもちょっとムズかしい、実力養成問題です。GOAL問題は100点満点ですので、解いた結果を次ページからの「自分の学習成果を数字化しよう」に書き込んでグラフに残しましょう。

❹ GOAL問題で来し方・行く末がわかる

「自分の学習成果を数字化しよう」のページにGOAL問題の成果を残しておくことで、得意分野と不得意分野が明確になり、どこを伸ばし、どこに注意するのかが明確になります。

❺ 無料の仕訳問題Webアプリを活用しましょう

本書では、テキスト内の仕訳例題は、全て仕訳アプリとして提供しています。移動時間を活用して、効率的に必須の仕訳ができるように練習しましょう。
※本アプリはWebアプリのため、スマホ・PC・Macなどの端末で利用できます。

自分の学習成果を見える化しよう

GOAL 問題を解いた結果を次のようにグラフに残しましょう。

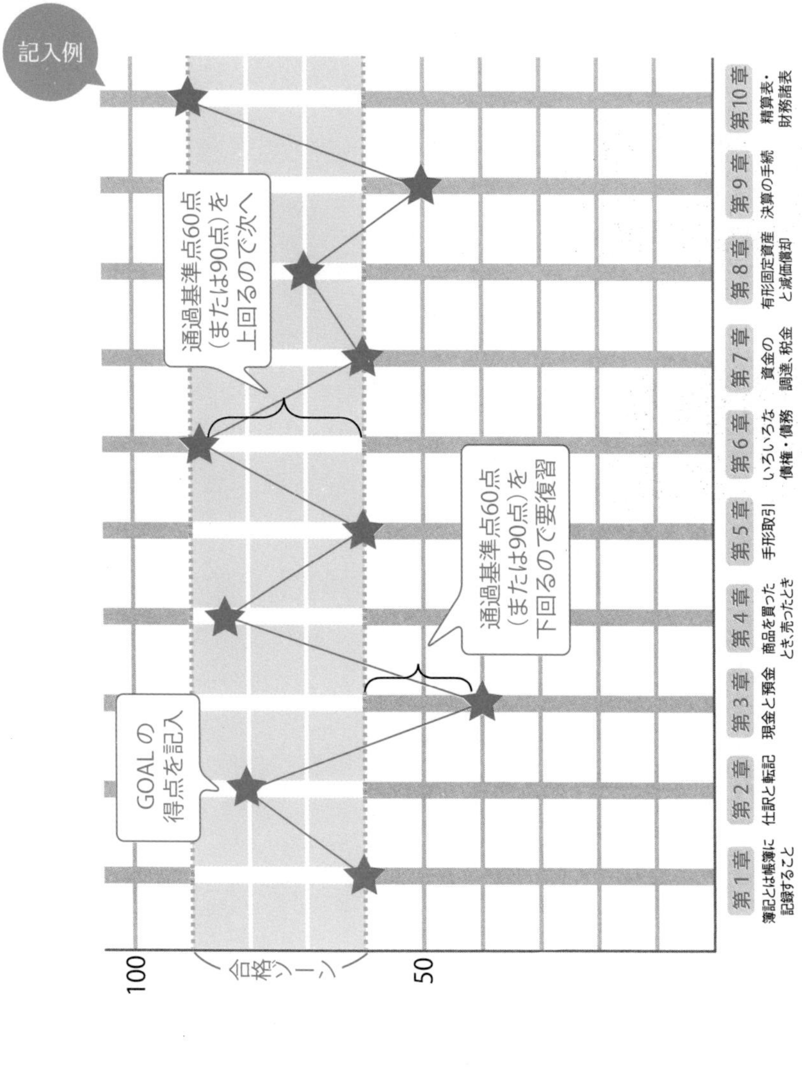

記入例

第1章 簿記とは帳簿に記録すること
第2章 仕訳と転記
第3章 現金と預金
第4章 商品を買ったとき、売ったとき
第5章 手形取引
第6章 いろいろな債権・債務
第7章 資金の調達、税金
第8章 有形固定資産と減価償却
第9章 決算の手続
第10章 精算表・財務諸表

100
合格ゾーン
50

GOALの得点を記入

通過基準点60点（または90点）を下回るので要復習

通過基準点60点（または90点）を上回るので次へ

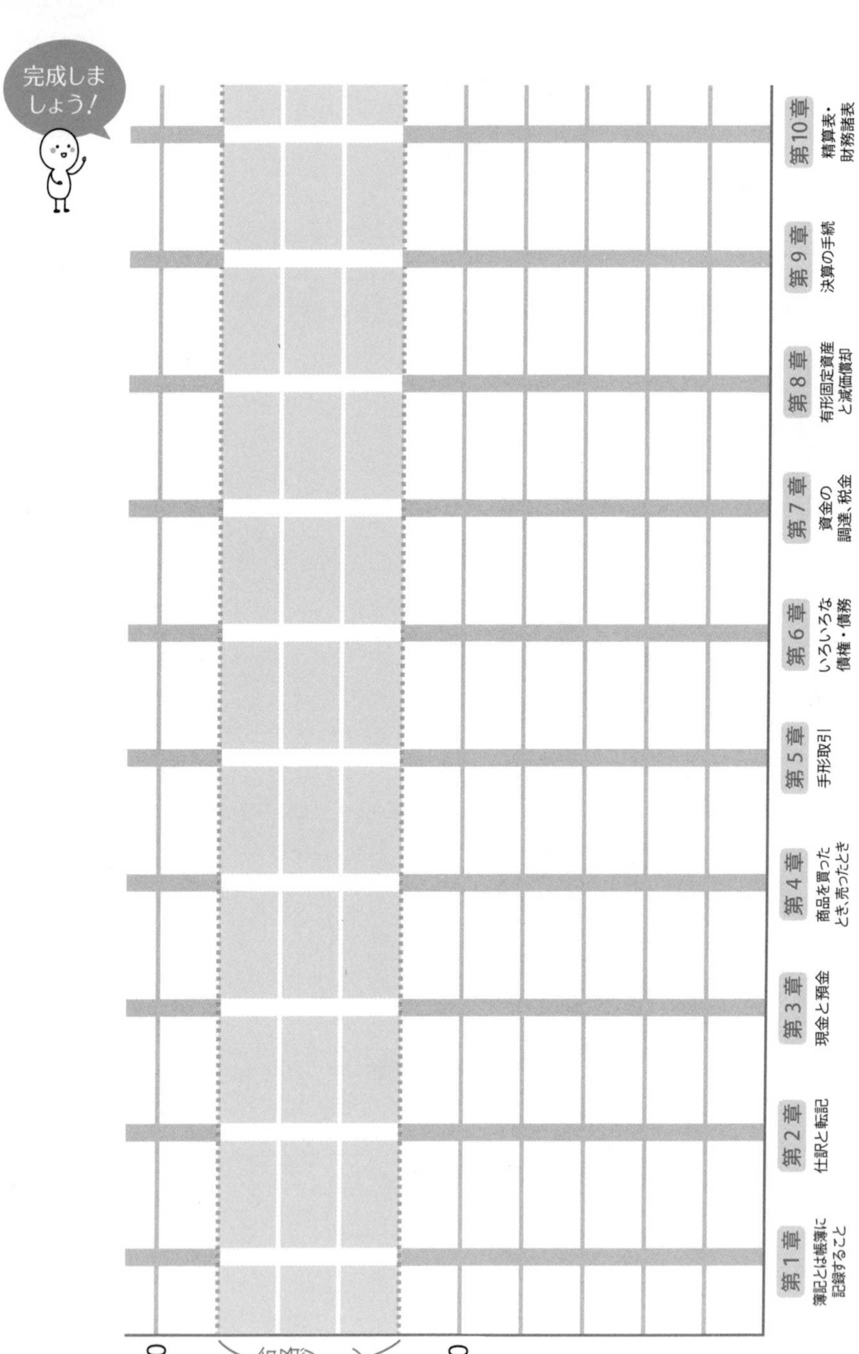

完成しましょう!
100
合格ゾーン
50
第1章 簿記とは帳簿に記録すること
第2章 仕訳と転記
第3章 現金と預金
第4章 商品を買ったとき、売ったとき
第5章 手形取引
第6章 いろいろな債権・債務
第7章 資金の調達、税金
第8章 有形固定資産と減価償却
第9章 決算の手続
第10章 精算表・財務諸表

日商簿記3級のネット試験(CBT試験)の概要

(なお３級の試験はこれまでどおりペーパー試験もあります。)

日商簿記３級ネット試験（CBT 試験）の出題形式と内容です。読者特典の Web 動画で、試験内容について具体的に解説しますので、試験直前期には必ず受講してください。

(1) 制限時間と出題形式と内容

制限時間は 60 分で、３つの問題が出題されます。出題形式や内容は次のとおりです。

	出題内容	詳　細	配点	目標得点
第１問	仕訳問題 15 題	仕訳問題が出題されます	45点	36点
第２問	帳簿記入問題	❶ 商品有高帳など補助簿記入問題	20点	10点
	勘定記入問題	❷ 勘定記入問題		
	伝票会計	❸ 伝票会計		
第３問	財務諸表作成または精算表作成	決算についての問題が出題されます。財務諸表か精算表の問題です	35点	35点

- 第１問の仕訳問題では、８割の正解を目指しましょう。
- 第２問は、帳簿に関する問題が２問出題されます。帳簿の種類が多いため、20 点の配点のうち、10 点の正解を目指しましょう。
- 第３問は、決算に関する問題です。事前に十分に準備してパーフェクトを目指しましょう。

(2) ネット試験(CBT試験)で使えるもの

電卓は持込み可で下書き用紙は提供されます。

もくじ

電子版テキストの目次

3級で満点合格を目指す方、さらに上級へのステップアップを考える方は、この補習用教材電子版の追加学習で実力アップが図れます。(電子版テキストは読者特典としてインプレスのホームページから入手できます。詳細は343ページをご参照ください。)

第1章

簿記とは帳簿に記録すること

1-1 簿記とは

簿記とはお金の流れを記録しておくことをいいます。

記録しておくのは忘れないためです。

1日平均で1,000人以上。

これはコンビニの1店舗の平均来客数です。

それだけの人に商品を提供して代金を受け取るのですから、

人の記憶だけでは限界があります。そこで、一つ一つを忘れないようにするためにも「お金の流れを記録する」、この行為が簿記のはじまりです。

簿記の意味

これから学習する**簿記**は、**2つの意味**をもっています。

❶ 企業の活動を**帳簿**※**に記録する**こと（＝帳簿記入の略）

企業の活動

帳　簿

帳簿記入の省略＝簿記

※帳簿とは、会社の取引を記録しておくノートのこと。

❷ 貸借対照表と損益計算書を作って、報告を行うこと

帳　簿

貸借対照表・損益計算書

帳簿から貸借対照表と損益計算書を作り、報告する

つまり、簿記とは、**企業の行った活動を記録・報告**することです。

貸借対照表と損益計算書をまとめて「財務諸表」といいます。

では、誰に報告するのでしょうか？

その会社に出資している**株主**や、お金を融資している**銀行**、税金を納めてほしい**税務署**などに「経営はうまくいっています」と報告するのです（時にはうまくいっていない報告も）。

なお株主や銀行、税務署などを利害関係者といいます。

貸借対照表と損益計算書

利害関係者が知りたい企業の情報は、大きく分けて２つあります。

それは、

- 安全性についての情報：倒産しないか、資金に余裕があるかなど
- 収益力についての情報：毎年稼いでいるか

ということです。

安全性（あんぜんせい）という言葉を言い換（か）えると財政状態（ざいせいじょうたい）、収益力（しゅうえきりょく）を言い換えると経営成績（けいえいせいせき）になります。

- **貸借対照表：企業の財政状態（安全性）を示す報告書**
- **損益計算書：企業の経営成績（収益力）を示す報告書**

貸借対照表、損益計算書には左右の記載面（きさいめん）があり、

左側を借方（かりかた）、

右側を貸方（かしかた）

といいます。

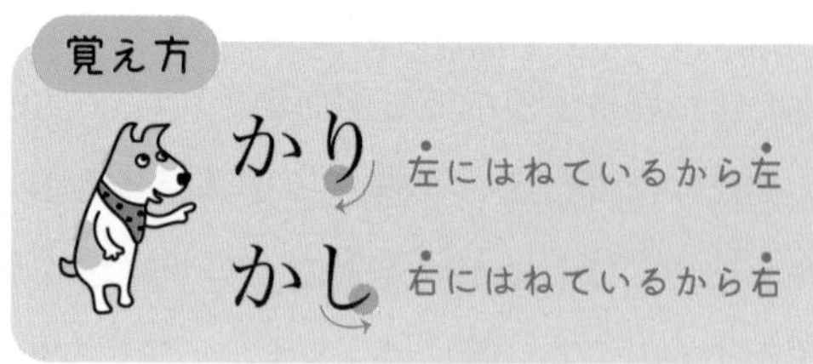

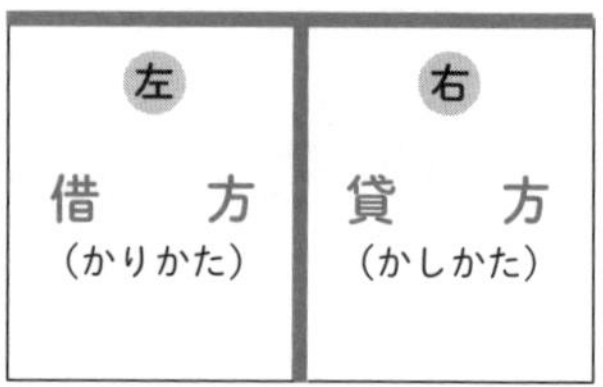

貸借対照表では借方に資産（しさん）、貸方に負債（ふさい）・純資産（じゅんしさん）を記載します。

損益計算書では借方に費用（ひよう）、貸方に収益（しゅうえき）を記載し、

収益と費用の差額である当期純利益（とうきじゅんりえき）を借方に記載します。

chapter 1
1
2
3
4
第1節 簿記とは

貸借対照表

資産	負債
	純資産

損益計算書

費用	収益
当期純利益	

会計期間と貸借対照表・損益計算書

貸借対照表と損益計算書は、通常１年に１回のサイクルで作成されます。この期間のことを会計を行うための期間として「会計期間」といいます。

会計期間の始まりは「期首」、
会計期間の終わりは「期末または決算日」
といいます。会計期間の終わりに、貸借対照表と損益計算書を作成して報告します。

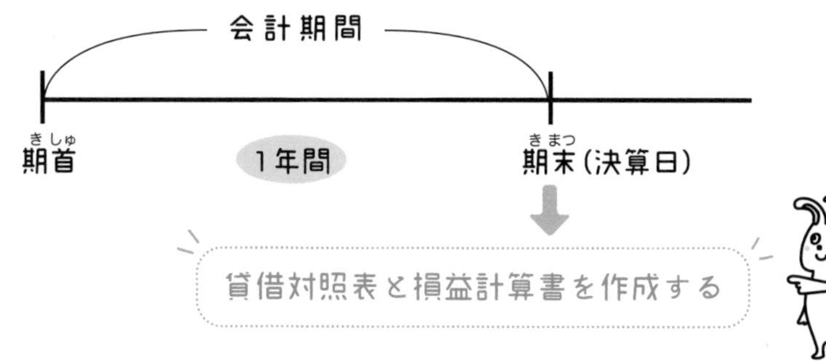

1-2 貸借対照表（たいしゃくたいしょうひょう）とは

貸借対照表は、企業の財政状態を明らかにする報告書のことです。

ここでは貸借対照表についてお話しします。

ざっくりと理解してもらえればいいんです。

ざっくりと、ですよ。

資産（しさん）・負債（ふさい）・純資産（じゅんしさん）と貸借対照表

貸借対照表では、資産（しさん）・負債（ふさい）・純資産（じゅんしさん）の３つを用いて、財政状態（ざいせいじょうたい）を示します。

❶ 資産（しさん）

資産は、企業の所有するお金と物品と権利です。企業の資産には次のものがあります。

勘定科目	よみがな	内容の説明
現金	げんきん	お財布の中に入っていますよね？
普通預金	ふつうよきん	お年玉や給料を預けていませんか？
売掛金	うりかけきん	付け※で売った場合に生じる権利
貸付金	かしつけきん	お金を貸した場合に生じる権利

※付け　118 ページ参照

商　　品	しょうひん	売れ残った商品
建　　物	たてもの	店舗や事務所など
備　　品	びひん	ショーケース、コピー機など
土　　地	とち	所有している土地

上の表の左側を「勘定科目（かんじょうかもく）」というワニ。勘定科目は自然と身につくからムリに覚える必要はないワニ。

❷ 負債（ふさい）

将来、誰かに支払いをする義務です。

負債には次のものがあります。

勘定科目	よみがな	内容の説明
買 掛 金	かいかけきん	付け※で買った場合に生じる支払義務
借 入 金	かりいれきん	他人からお金を借りた場合に生じる返済義務

※付け　118 ページ参照

負債は資産の中から返していきます。

❸ 純資産（じゅんしさん）

企業が自由に使える資金。元手（もとで）のことです。なお、資産から負債を差し引いて、純資産を求めます。

資産 － 負債 ＝ 純資産

純資産には次のものがあります。

勘定科目	よみがな	内容の説明
資本金	しほんきん	企業の活動に必要な元手

純資産は資産から負債を差し引いたものだ、という点に注意するワニ。
いま財布の中に現金が¥10,000あり、明日、その中から友だちに¥3,000を返す必要があるワニ。そうなると、自分が自由に使えるのは¥7,000になるワニ。このように資産から負債を引いたものが、純資産となるワニ。

私の貸借対照表

<table>
<tr><td rowspan="2">資　産（現　金）
¥10,000</td><td>負　債（友だちへの借金）
¥3,000</td></tr>
<tr><td>純資産（自由に使えるお金）
¥7,000</td></tr>
</table>

貸借対照表を作ってみよう

例　題

次の輪仁（わに）商事株式会社の資料により、令和X1年4月1日（期首）の貸借対照表を作成しなさい。

●令和X1年4月1日の資産及び負債：

現　　金 ¥50,000	普通預金 ¥140,000	商　　品 ¥100,000
建　　物 ¥75,000	買 掛 金 ¥125,000	借 入 金 ¥90,000

（注）期首純資産は、上記資産と負債の差額で求めなさい。なお、純資産の全額が資本金である。

答案用紙

令和X1年4月1日（期首）の貸借対照表

貸借対照表

（　　　　　）（　　　　　　　）

資　　　産	金　額	負債及び純資産	金　額
		資　本　金	
合　計	365,000	合　計	365,000

貸借対照表が出来るまでのイメージ

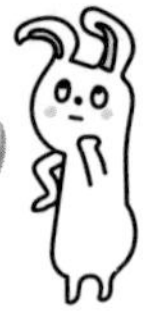

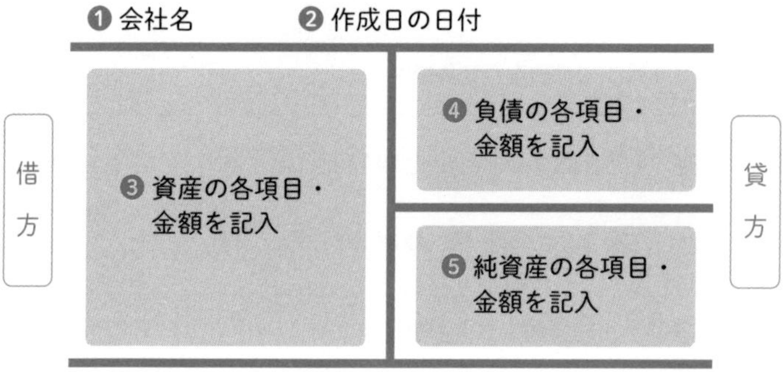

❶ 会社名を記入する

外部のだれかに財政状態を報告するためのものですから、会社名を記入します。

❷ 作成日の日付を記入する

どのタイミングの残高なのかがわかるように作成日を書きます。

❸ 資産の各項目・金額を記入する

いま、財産をこれだけもっているよ、ということがわかるように借方に記入します。

現　金	50,000	普通預金	140,000	商　品	100,000
建　物	75,000	買掛金	125,000	借入金	90,000

④ 負債の各項目・金額を記入する

いま負債はこれだけあるよ、ということがわかるように貸方に記入します。

現　金	50,000	普通預金	140,000	商　品	100,000
建　物	75,000	買掛金	125,000	借入金	90,000

⑤ 純資産の各項目・金額を記入する

純資産は、資産と負債の差額として求めます。

資産 － 負債 ＝ 純資産

ここでは、

資産の合計は￥365,000（＝￥50,000 ＋ ￥140,000 ＋ ￥100,000 ＋ ￥75,000）、

負債の合計は￥215,000（＝￥125,000 ＋ ￥90,000）ですから、

純資産は￥150,000（＝￥365,000 － ￥215,000）となります。

純資産は、ここでは全額を資本金とします。

貸借対照表

①（輪仁商事株式会社）（令和X1年4月1日）②

資　産	金　額	負債及び純資産	金　額
現　金	50,000	買掛金	125,000 ④
③ 普通預金	140,000	借入金	90,000
商　品	100,000	資本金	⑤ 150,000
建　物	75,000		
合　計	365,000	合　計	365,000

一致

貸借対照表の借方の合計と貸方の合計は必ず一致します。

以上で貸借対照表は完成です。

かんぺきに理解するのじゃなくて、ざっくりと1回読んでほしいワニ。まだまだ先は長いワニ。

貸借対照表は、バランス・シート（Balance Sheet）といいます。

Google 翻訳で Balance の意味を調べると、

- 残　高
- 均　衡（一致）

などがあります。

- 資産・負債・純資産の残高が載っている表
- 借方と貸方の合計金額が一致する表

つまり貸借対照表は、この残高の表と均衡の表という意味があります。

貸借対照表でキケンな会社がわかる

実際のところ、貸借対照表でなにがわかるのでしょうか？

財政状態がわかれば、キケンな会社もわかります。

貸借対照表　A社

資産 1,000万円	負債 400万円
	純資産 600万円

貸借対照表　B社

資産 1,000万円	負債 800万円
	純資産 200万円

もし、A社とB社のどちらかの株に投資するとしたらどちらにしますか？

A社は、負債 < 純資産となっていて、仮に負債を返済してもまだ自己資金（純資産）があり余裕があります。

でも、B社は、負債 > 純資産となっていて、負債を返済したら純資産はあまり残りません。つまり、A社に比べて余裕がないということです。
そのため、どちらかに投資するとしたら、A社に投資するほうがよいということです。
ちなみに無借金経営という言葉がありますが、これはA社のような企業を指しています。
なにも負債が0ということではなく、純資産が豊かで、借入れなどをしなくても自己資金だけで経営が成り立つ企業、という意味で使います。

損益計算書とは

損益計算書は、企業の経営成績を明らかにする報告書のことです。
ここでは損益計算書についてお話しします。
貸借対照表と並んで大切な報告書ですが、ざっくりと
理解することを忘れないでください。

収益・費用と損益計算書

損益計算書では、収益・費用の2つを用いて、1年間の経営成績を示します。

❶ 収益

収益とは、企業がものを売ったりサービスの提供などを行った結果、得られた売上や手数料等のことです。企業の収益には次のものがあります。

勘定科目	よみがな	内容の説明
売上	うりあげ	商品を売って得られた儲け
受取手数料	うけとりてすうりょう	手数料収入など
受取地代	うけとりちだい	土地を貸して得た収入
受取利息	うけとりりそく	他人にお金を貸して受け取った利息

❷費用

費用とは、企業がものを売ったりサービスの提供をするために、必要な商品の仕入れや働くスタッフの給料等のことです。企業の費用には次のものがあります。

勘定科目	よみがな	内容の説明
仕入	しいれ	商品の仕入れ代金
給料	きゅうりょう	従業員に支払う給料
支払家賃	しはらいやちん	事務所や店舗等を借りるための家賃
通信費	つうしんひ	電話代、郵便代等
水道光熱費	すいどう こうねつひ	水道料・電気代
支払利息	しはらいりそく	他人からお金を借りて支払った利息

収益と費用の差は当期純利益

¥20,000で買った商品をフリマで¥25,000で売りました。このとき、収益は¥25,000、費用は¥20,000です。
では、正味(しょうみ)でいくら儲かったのでしょうか。
¥25,000？　それとも¥5,000？　¥5,000が正しいですね。
損益計算書では、収益と費用を示しますが、最後に当期純利益を示すことで、正味でいくら儲かったのかを明らかにします。

収益 － 費用 ＝ 当期純利益

私の損益計算書

費用（商品の仕入れ） ¥20,000	収益（フリマの売上） ¥25,000
当期純利益 ¥5,000	

損益計算書を作ってみよう

例　題

次の資料から、輪仁商事株式会社の当会計期間の損益計算書を作成しなさい。（会計期間は令和X1年4月1日から令和X2年3月31日まで）

●令和X1年4月1日から令和X2年3月31日までの収益及び費用：

仕　入	¥245,000	給　料	¥80,000	通信費	¥60,000
支払家賃	¥50,000	水道光熱費	¥25,000	支払利息	¥10,000
売　上	¥425,000	受取手数料	¥90,000	受取利息	¥15,000

（注）仕入勘定の残高は売上原価として表示する。

答案用紙

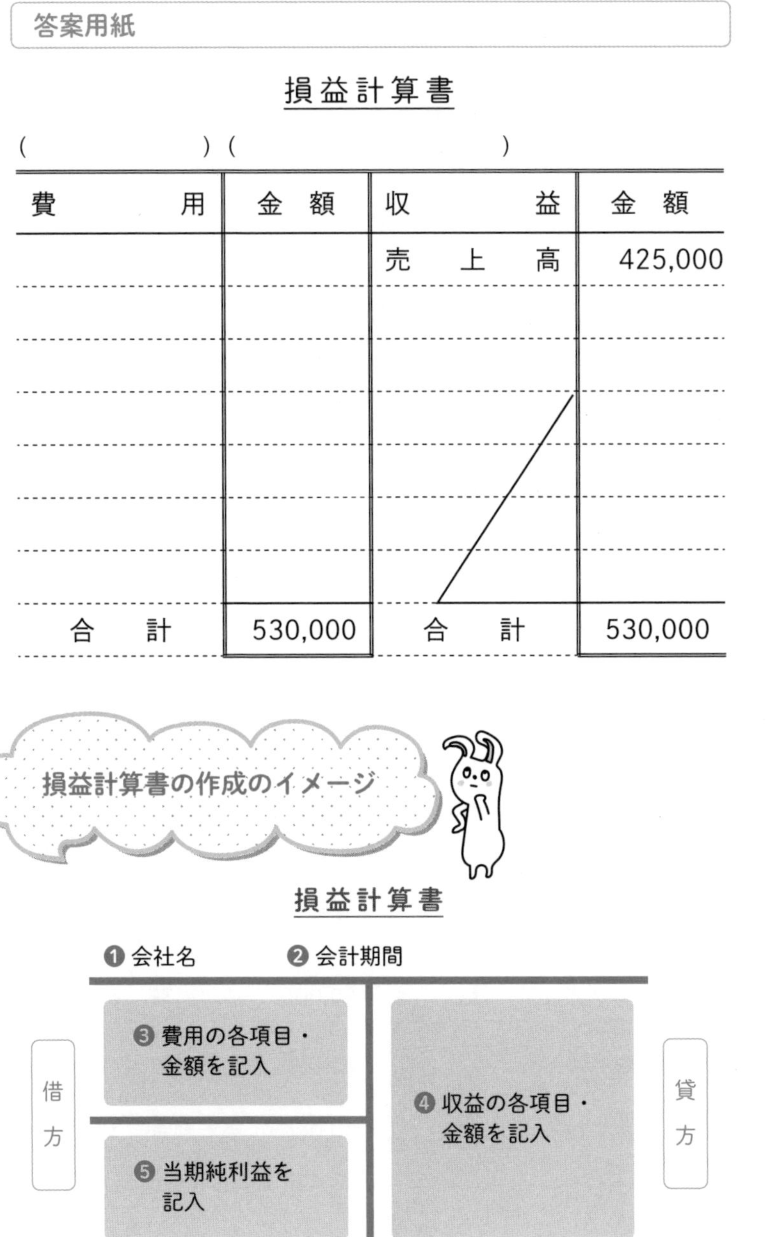

損益計算書

(　　　　　　　　) (　　　　　　　　　　　)

費　　　用	金　額	収　　　益	金　額
		売　上　高	425,000
合　　計	530,000	合　　計	530,000

❶ 会社名を記入する

❷ 会計期間を記入する

1年間にどれだけの収益が得られ、どれだけの費用がかかったのかがわかるように損益計算書では会計期間を書きます。

❸ 費用の各項目・金額を記入する

当期にこれだけの費用をかけた、ということがわかるように借方に記入します。

仕　　入	245,000	給　　料	80,000	通信費	60,000
支払家賃	50,000	水道光熱費	25,000	支払利息	10,000
売　　上	425,000	受取手数料	90,000	受取利息	15,000

❹ 収益の各項目・金額を記入する

当期にこれだけの収益が得られた、ということがわかるよう貸方に項目と金額を記入します。

仕　　入	245,000	給　　料	80,000	通信費	60,000
支払家賃	50,000	水道光熱費	25,000	支払利息	10,000
売　　上	425,000	受取手数料	90,000	受取利息	15,000

❺ 当期純利益を記入する

収益と費用の差額として当期純利益を求めます。

収益 − 費用 ＝ 当期純利益

ここでは、

収益の合計：￥425,000＋￥90,000＋￥15,000＝￥530,000

費用の合計：￥245,000 ＋ ￥80,000 ＋ ￥60,000 ＋ ￥50,000

＋ ￥25,000 ＋ 10,000

＝ ￥470,000

当期純利益：￥530,000 − ￥470,000 ＝ ￥60,000

となります。この企業は￥60,000 の当期純利益となったので、正味で儲(もう)かっているといえます。

損益計算書

❶ ❷

（輪仁商事株式会社）（令和 X1 年4月1日から令和 X2 年3月31日）

費用	金額	収益	金額
❸ 売上原価	245,000	売上高	425,000 ❹
給料	80,000	受取手数料	90,000
通信費	60,000	受取利息	15,000
支払家賃	50,000		
水道光熱費	25,000		
支払利息	10,000		
当期純利益	❺ 60,000		
合計	530,000	合計	530,000

儲かっている会社？ それとも…

儲かっている会社かどうかは当期純利益が生じているかどうかでわかります。

要は収益と費用のバランスの問題です。

費用よりも収益が大きければ、当期純利益が生じます。

また費用よりも収益が小さければ、当期純損失が生じます。当期純損失は貸方に記載します。

損益計算書　X社

費用 1,500万円	収益 2,200万円
当期純利益 700万円	

損益計算書　Y社

費用 1,500万円	収益 1,300万円
	当期純損失 200万円

X社は費用より収益が大きく、当期純利益が発生しています。しかしY社は収益より費用が大きく、当期純損失となっています。損益計算書から会社の経営成績がひと目でわかります。

確認問題

問題 1-1　次の資料から、東京商事株式会社の当会計期間の損益計算書を作成しなさい。（会計期間は令和 X1 年 4 月 1 日から令和 X2 年 3 月 31 日まで）

●令和 X1 年 4 月 1 日から令和 X2 年 3 月 31 日までの期間の収益及び費用：

仕　入	245,000	給　料	80,000	通信費	60,000
支払家賃	50,000	保険料	25,000	支払利息	10,000
売　上	425,000	受取手数料	90,000	受取利息	15,000

答案用紙 1-1　薄い文字や金額をなぞって完成させましょう。

損益計算書

東京商事株式会社　令和 X1 年 4 月 1 日から令和 X2 年 3 月 31 日

費用	金額	収益	金額
売上原価	245,000	売上高	425,000
給料	80,000	受取手数料	90,000
通信費	60,000	受取利息	15,000
支払家賃	50,000		
保険料	25,000		
支払利息	10,000		
当期純利益	60,000		
合計	530,000	合計	530,000

1-4 貸借対照表と損益計算書の関係

最後に貸借対照表と損益計算書の関係について、ちょっとみておきましょう。

会計期間と貸借対照表・損益計算書

貸借対照表と損益計算書は、通常1年サイクルで作成され、この計算期間を会計期間と呼びます。

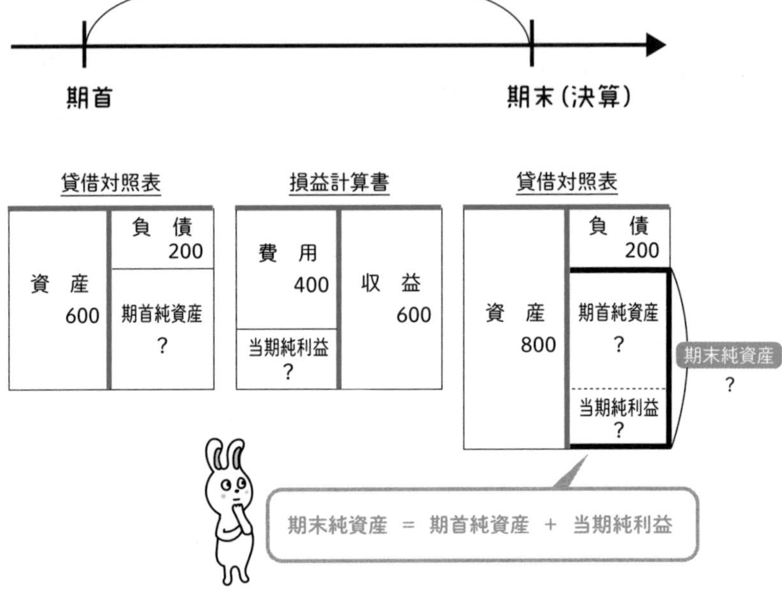

前ページの図から、下記❶〜❺を求めてみましょう。❸と❺の結果は、必ず一致します。

❶ 純資産等式：資産 − 負債 ＝ 純資産

純資産は、元手であり自由に使える資金です。

この純資産が期首と期末のタイミングでいくらあるのかを求めます。

期首の純資産：￥600 − ￥200 ＝ ￥400

期末の純資産：￥800 − ￥200 ＝ ￥600

❷ 貸借対照表等式：資産 ＝ 負債 ＋ 期末純資産

貸借対照表の借方の合計と貸方の合計は、必ず一致します。

期首の貸借対照表：￥600（借方合計） ＝ ￥200 ＋ ￥400（貸方合計）

期末の貸借対照表：￥800（借方合計） ＝ ￥200 ＋ ￥600（貸方合計）

❸ 損益法の計算式：収益 − 費用 ＝ 当期純利益

損益計算書では、収益から費用を差し引いて当期純利益を求めます。

損益法の計算式：￥600 − ￥400 ＝ ￥200

❹ 損益計算書等式：費用 ＋ 当期純利益 ＝ 収益

損益計算書の借方の合計と貸方の合計は必ず一致します。

損益計算書等式：￥400 ＋ ￥200 ＝ ￥600

❺ 財産法の公式：当期純利益 ＝ 期末純資産 − 期首純資産

期末純資産から期首純資産を差し引くと、純資産の増加額を求めることができます。

この純資産の増加額は当期純利益です。

収益から費用を差し引いても当期純利益は計算できますが、この結果と一致します。

財産法の公式：￥600 − ￥400 ＝ ￥200

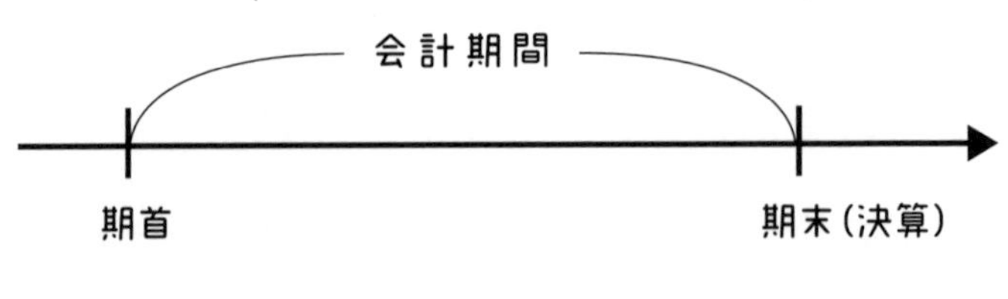

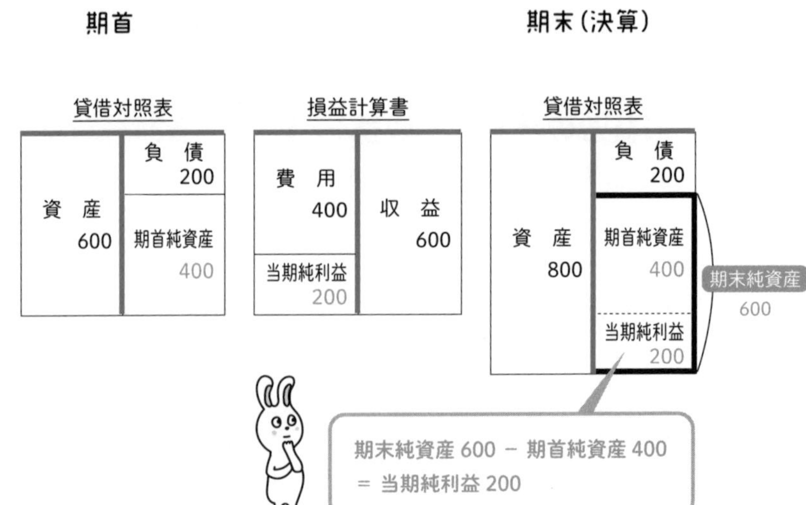

当期純利益が一致する理由

損益法(❸)と財産法(❺)の結果は、必ず一致します。それはなぜでしょうか？

期首に￥400の純資産（元手）でスタートした輪仁商事は、期中に商品￥400を仕入れ、その後￥600で売りました。

その結果、期末に￥600の純資産を手に入れました。輪仁商事の当期純利益は、次の2つの式で求めることができます。

❸ 収益 ￥600 − 費用 ￥400
　= 当期純利益 ￥200
❺ 期末純資産 ￥600 − 期首純資産 ￥400
　= 当期純利益 ￥200

なぜ2つの式の当期純利益は一致するのでしょうか？

会社は元手（期首純資産）を増やしたいと思って活動をします。

期首には￥400の元手でスタートしました。そして代金を支払って商品を仕入れ、それを売って代金を手に入れます。

その結果、元手（期末純資産）は￥600に増えていました。

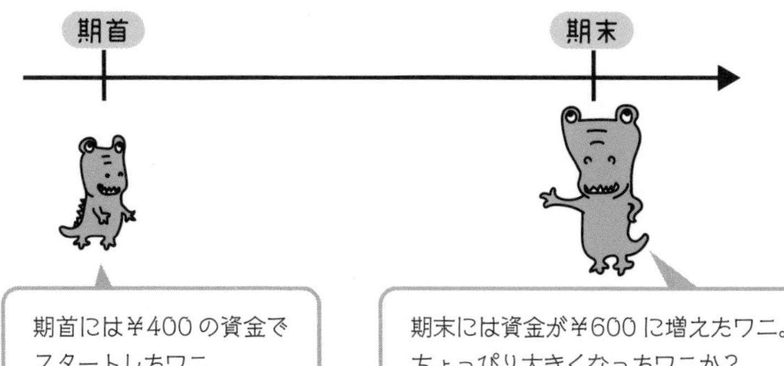

そのため、元手がいくら増えたのかを計算すると、

期末純資産 ￥600 − 期首純資産 ￥400

＝ 当期純利益 ￥200

となり、当期純利益は一致するのです。
簿記では、様々なものが一致するのですが、このように検証できるようになっています。

なぜ、一致するのかって？
それは仕訳（しわけ）の借方・貸方の金額が一致するから。仕訳については、第２章で取り上げます。

第2章

仕訳と転記

section
1 第1節｜仕訳とは
2 第2節｜仕訳の仕方
3 第3節｜転記とは

2-1 仕訳とは

仕訳とは、借方に書くものと貸方に書くものを「仕分け」する作業です。

日常生活でよく、みぎ・ひだりという言葉を使っていると思います。

例えば、タクシーに乗ると「そこ、みぎに曲がってください」などと使います。

もし、みぎ・ひだりという言葉がなければ、かなり混乱するでしょう。

簿記の世界では、帳簿に整理して記録するためにかりかた・かしかた（借方・貸方）という言葉があります。この言葉には特別の意味はなく、つまり、みぎ・ひだりのようなものです。

仕訳とは

仕訳：帳簿に記入するために、企業の活動を借方と貸方に分類し、仕分けする作業

帳簿

仕　訳　帳

日付		摘要	元丁	借方	貸方
4	1	（現　金）	1	1,000	
		（借入金）	13		1,000

帳簿には、借方と貸方という２つの記入面があります。
そのため、企業の活動を借方と貸方に分けておく必要があります。
仕訳とは、このための作業です。分類することをよく「仕分けする」といいますが、借方と貸方に仕分けするのです。

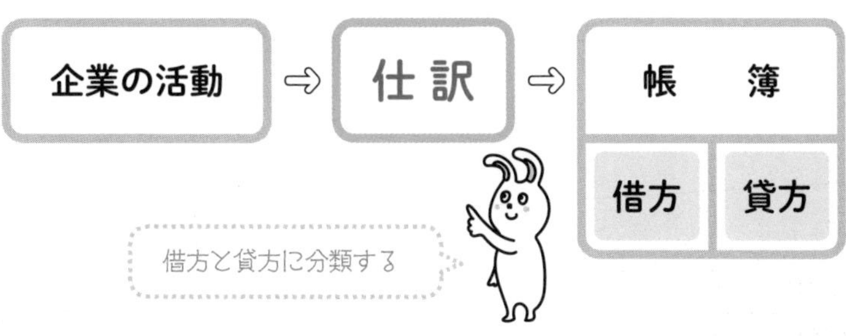

帳簿に書くもの、書かないもの

企業の行った活動を帳簿に記録しますが、

企業の活動 ⇒ 帳簿

では、企業の行った活動なら、何でも書くのでしょうか？
実際は帳簿に書くものと書かないものがあります。
企業の活動の中で、帳簿に書くものを「簿記上の取引」といいます。

簿記上の取引

企業の行った活動の中で、資産・負債・純資産を変化させる事柄を簿記上の取引といいます。
これ、わかりにくいですね。もっとわかりやすくいうと、
「お金が動いたことが簿記上の取引」になります。

資産や負債が変化すれば、
お金は必ず動いている
からです。

❶ 簿記上の取引にあたるもの

例 1 ▸ コンビニでバナナを買って￥216 を現金で払った

例 2 ▸ 今月のバイト料￥100,000 が振り込まれていた

例 3 ▸ 電車の定期券￥15,000 を現金で買った

などなど、お金が動いています。
上の 3 つは、確かに簿記上の取引です。
では、次のものはどうでしょう？

❷ 簿記上の取引にあたらないもの

例 4 ▸ 格安携帯キャリアと契約した。今日契約はしたけど、特にお金は支払わなかった

例５ 新しい取引先と契約を結んだ

例６ 転職した会社と雇用契約書を交わした

いかにも取引っぽい感じですが、お金が動いていないので、どれも簿記上の取引ではありません。

❸ 取引っぽくはないが簿記上の取引になるもの

例７ カフェにコインケースを忘れて戻ったが、誰かが持ち去っていた

例８ 今年のひどい台風で、店の商品が流されてしまった

現金を無くす、商品を無くすということは、お金が動いたということです。
そのため、簿記上の取引になります。

❶～❸をまとめてみましょう。

結局、企業の活動の中でお金が動いたものは記録するけれど、お金が動いていないものは記録をしないことになります。

仕訳の仕方

次に仕訳の仕方を見ていきましょう。

ステップ 1

取引を借方の要素と貸方の要素に分ける

ステップ 2

借方・貸方の具体的項目名（勘定科目）を決める

ステップ 3

借方・貸方の金額を決める

（注）勘定科目はP046で説明します。

例えば、次のような取引を行ったとします。

取　引

4月1日　　輪仁商事は、取引先の縞馬商店から現金￥10,000を借り入れた。

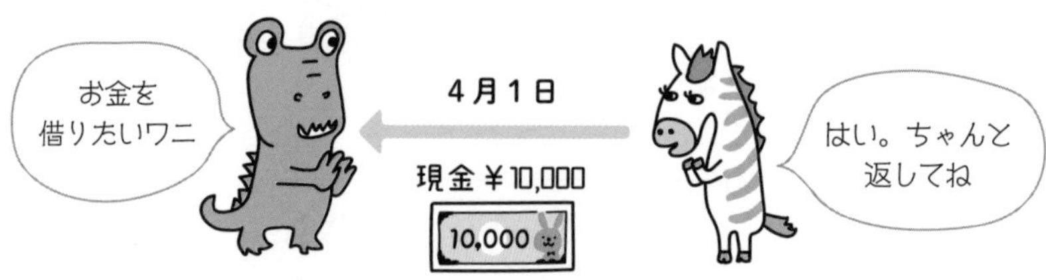

この場合の輪仁商事の仕訳は、

4月1日	(借) 現　金	10,000	(貸) 借入金	10,000
	資産の増加		負債の増加	

となります。

ステップ 1 取引を借方の要素と貸方の要素に分ける

まずは取引を借方と貸方の２つの要素に分けます。これって、難しく感じますね？

でも意外にカンタンです。

それは原因と結果を考えればよいからです。

物事はたいてい、原因と結果に分けられます。

★ 私は背が高い。これが結果。では、原因は？
⇨ 子供の時にミルクをよく飲んだから

★ 私は犬と暮らしている。これが結果。では、原因は？
⇨ 犬が好きだから

★ 現金が増えた。これが結果。では、原因は？
⇨ お金を借りたから

このように取引には原因と結果の２面があるということです。

ここでは、

結果 現金が増えた
⇨ つまり、資産が増加した

原因 お金を借りたから
⇨ つまり、負債が増加した

ということです。

借方の要素	貸方の要素
現金が増えた・資産の増加	お金を借りたから・負債の増加

ステップ 2 借方・貸方の具体的項目名（勘定科目）を決める

次に、借方・貸方の勘定科目を決めます。ここでは、

借　方 資産が増加
⇨具体的には、現金勘定の増加

貸　方 負債が増加
⇨具体的には、借入金勘定の増加

となります。

資産の増加・負債の増加というだけでは、細かいことがわからない。だからもっと取引の内容を具体的に示します。

この役割を勘定科目が担っています。

ところで、勘定科目って何でしょう？

例えば、資産の中では、現金や普通預金、商品など（この他にもいっぱいあります）が、勘定科目と呼ばれています。

簿記では「資産が増えた」、「負債が増加した」ということではアバウト過ぎなので、もっと具体的に、この現金や普通預金といった単位で増減の記録をするわけです。

つまり、金額の増減を把握するミニマムの単位が勘定科目なのですね。

ステップ3 借方・貸方の金額を決める

最後に、借方・貸方の金額を決めます。

これはカンタン。借方も貸方も￥10,000ですね。

しかも、借方・貸方の金額は必ず一致します。

これは1つの物事を2つの面から見ているからです。

動いた金額は同じであるため、一致します。これは簿記の最大の特徴です。

借方 現金勘定の増加
⇒現金が￥10,000増えた

貸方 借入金勘定の増加
⇒借入金が￥10,000増えた

最後に仕訳の形でまとめると、

4月1日（借）現　　金　10,000　（貸）借　入　金　10,000
　　　　　　資産の増加　　　　　　　　負債の増加

となります。

どうでしょうか？

ここまでの話はざっくりとわかっていれば大丈夫です。

仕訳のルール

これは、先ほどの仕訳です。お金を借りた輪仁商事の仕訳でしたね？

4月1日	(借) 現　金 資産の増加	10,000	(貸) 借入金 負債の増加	10,000

では、輪仁商事がこのお金を返したら、どう仕訳しましょうか？

4月30日	(借) 借入金 負債の減少	10,000	(貸) 現　金 資産の減少	10,000

「貸した金返せよ」

というショーゲキ的な歌詞の歌がありましたが、

お金を返したときと、お金を借りたときでは違う仕訳になりました。

なぜこのように書くのか、そのルールを説明します。

仕訳のルール

借方の要素	貸方の要素
資産の増加	資産の減少
負債の減少	負債の増加
純資産の減少	純資産の増加
費用の発生	収益の発生

これは、仕訳のルールと呼ばれるもので、

★仕訳の借方には、資産の増加・負債の減少・純資産の減少・費用の発生の４つを書く

★仕訳の貸方には、資産の減少・負債の増加・純資産の増加・収益の発生の４つを書く

というルールです。

４月１日の取引は、**資産と負債が増加する取引**です。資産の増加は借方に、負債の増加は貸方に書きます。

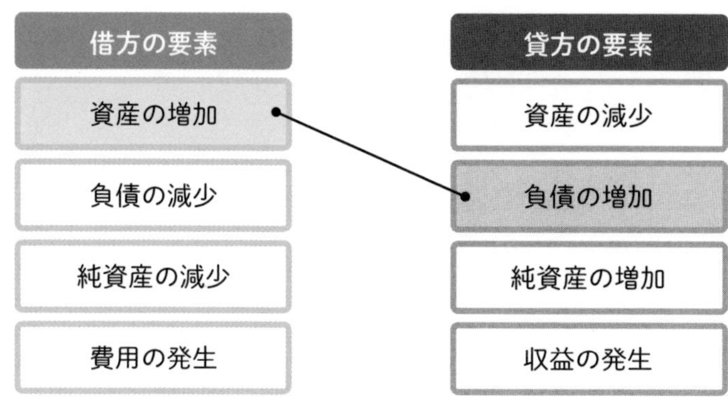

そのため、このような仕訳になったんですね。

では、お金を返したとき、どのように仕訳するのでしょうか。

取　引

4月30日　輪仁商事は、取引先縞馬商店からの借入金￥10,000を現金で返済した。

4月30日	(借) 借入金	10,000	(貸) 現金	10,000
	負債の減少		資産の減少	

この取引は、**負債の減少と資産の減少の取引**です。負債の減少は借方に、資産の減少は貸方に書くことになっています。

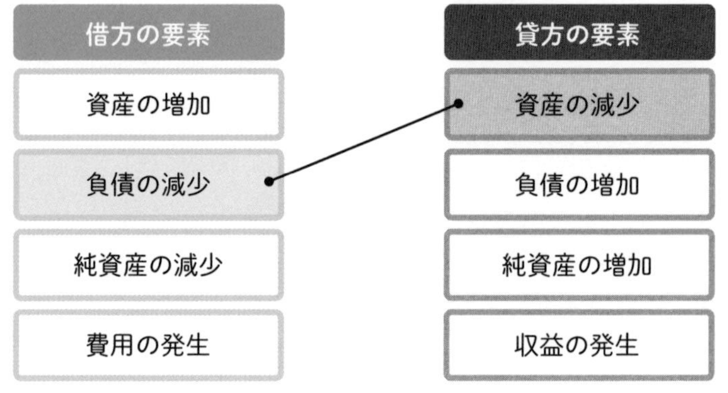

そのため、前のページのように仕訳したのですね。

このルールは仕訳をするうえで必須のものですから、しっかりと頭に入れましょう。

2-2 仕訳の仕方

仕訳のイメージはつかめましたか？

まだまだ学習は始まったばかりで、少し不安に感じていると思います。焦る必要はありませんが、初めての方でもこれを覚えておけば大丈夫だという６つの仕訳があるので、見ておきましょう。

覚えておくべき６つの仕訳

❶ 株式の発行

株券を発行して、それを誰かに買ってもらうことによって、資金を集めるのが**株式会社**です。

日商簿記３級は、株式会社の経理を前提に出題されます。

取　引

5月1日　　輪仁商事は会社設立に際して株式 100 株、１株あたり ¥1,000 で発行し、全額が現金で払い込まれた。

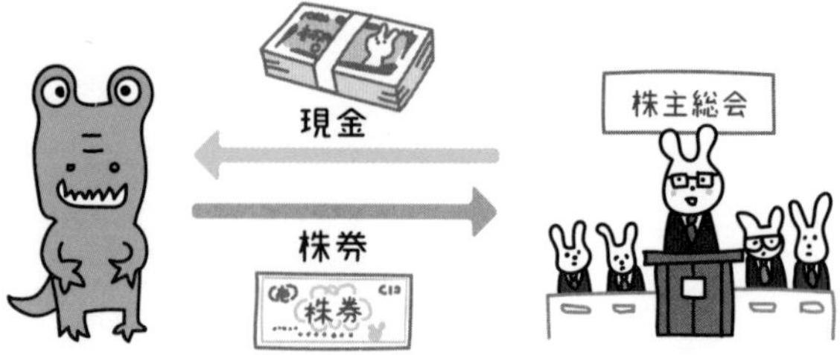

これが、答えとなる仕訳です。

5月1日	（借）現　　金	100,000	（貸）資　本　金	100,000
	資産の増加		純資産の増加	

なお、株主から払い込まれた総額は、

¥100,000（＝@¥1,000 × 100株）です。

注：@（アットマーク）は単価（たんか）を示します。

ステップ 1 取引を借方の要素と貸方の要素に分ける

まずは取引を２つの要素に分けます。

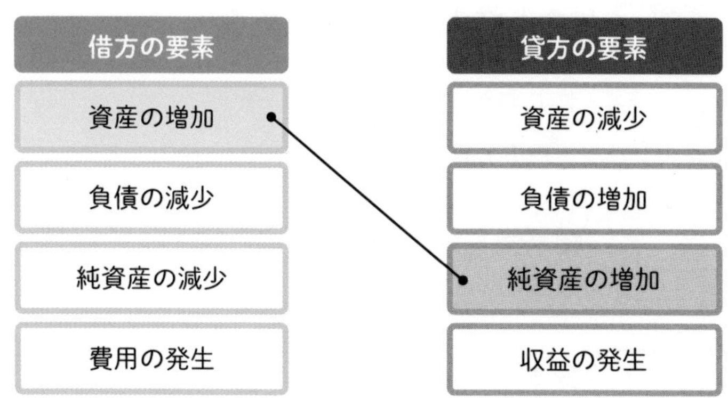

誰かにお金を提供された。これは借入金（負債）も同じです。

しかし借入金と違って、返す必要はない。そのため、**純資産（元手（もとで））の増加**と考えます。

ステップ 2　借方の勘定科目と貸方の勘定科目を決める

次に、借方・貸方の勘定科目を決めます。

借　方　資産が増加
⇨具体的には、現金勘定

貸　方　純資産が増加
⇨具体的には、資本金勘定

となります。

ステップ 3　借方と貸方の金額を決める

最後に、借方・貸方の金額を決めます。

これはカンタン。借方も貸方も￥100,000 ですね。

借　方　現金勘定の増加
⇨金額は￥100,000

貸　方　資本金勘定の増加
⇨金額は￥100,000

この取引で、初めて資本金勘定という勘定科目が登場しました。

株主は「このお金を使って、私たちを儲けさせてくれ」と会社に出資したのです。

そのため、資本金勘定はこれからの活動のための元手であり、自由に使ってよいお金といえます。

❷ 資金の借り入れ

取　引

5月5日　　輪仁商事は、取引先縞馬商店から現金で￥10,000を借り入れた。

この場合の輪仁商事の仕訳は、

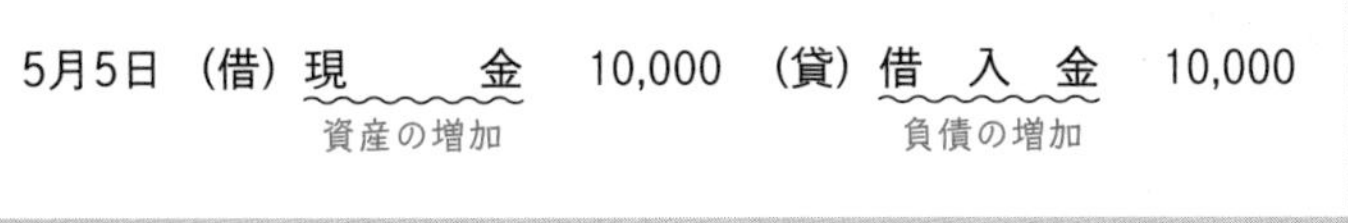

5月5日	（借）現　　金	10,000	（貸）借入金	10,000
	資産の増加		負債の増加	

となります。

❸ 商品の仕入れ

取　引

5月10日　　輪仁商事は仕入先縞馬商店から商品@￥5,000、10個を仕入れ、代金￥50,000は現金で支払った。

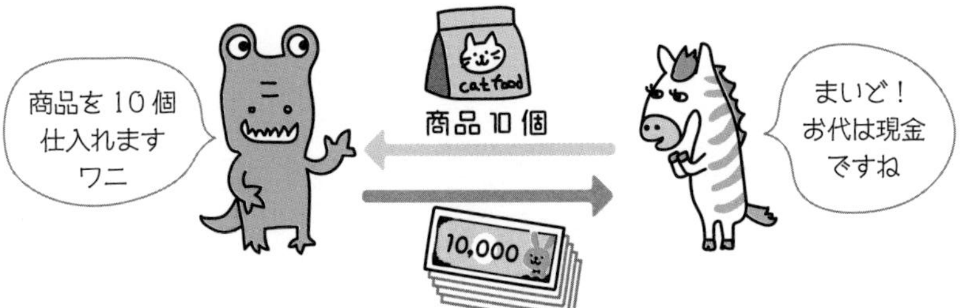

商品を仕入れる、という基本的な仕訳です。

5月10日（借）仕　　入 費用の発生	50,000	（貸）現　　金 資産の減少	50,000

商品を仕入れたら、仕入勘定という費用の勘定で処理します。

ステップ1 取引を借方の要素と貸方の要素に分ける

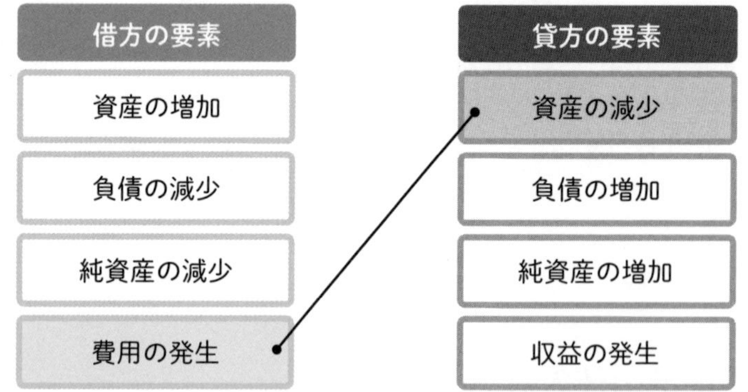

ステップ2 借方の勘定科目と貸方の勘定科目を決める

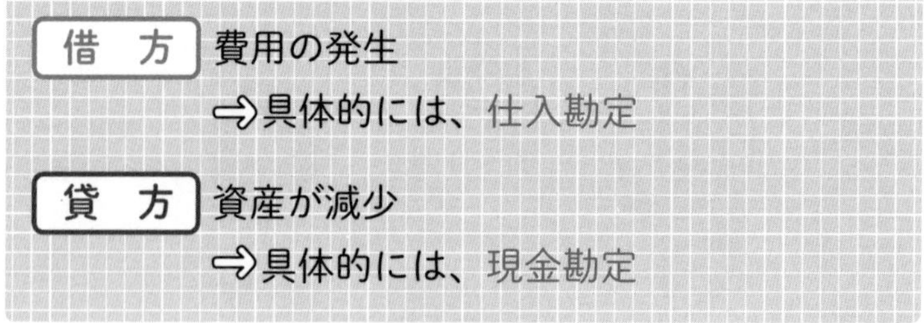

借　方 費用の発生
⇨具体的には、仕入勘定

貸　方 資産が減少
⇨具体的には、現金勘定

ステップ３ 借方と貸方の金額を決める

借　方 仕入勘定
⇨金額は￥50,000

貸　方 現金勘定
⇨金額は￥50,000

④ 商品の販売

取　引

5月17日　輪仁商事は得意先麒麟（きりん）商店に、商品８個を＠￥8,000で販売し、代金￥64,000は現金で受け取った。
注：＠は単価を示します。

商品を販売した、という基本的な仕訳です。

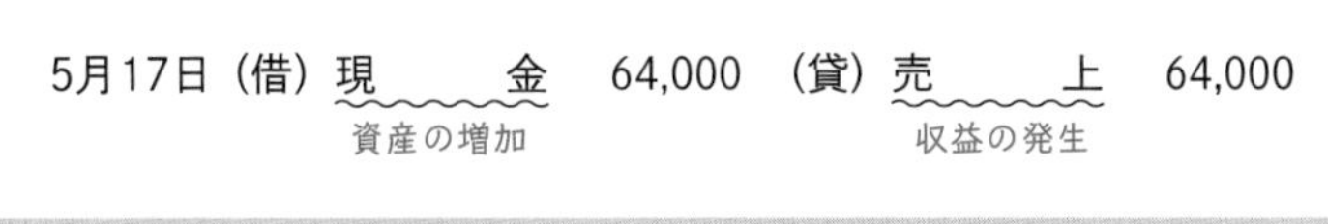

商品を売ったら、売上勘定という収益の勘定で処理します。

ステップ 1 取引を借方の要素と貸方の要素に分ける

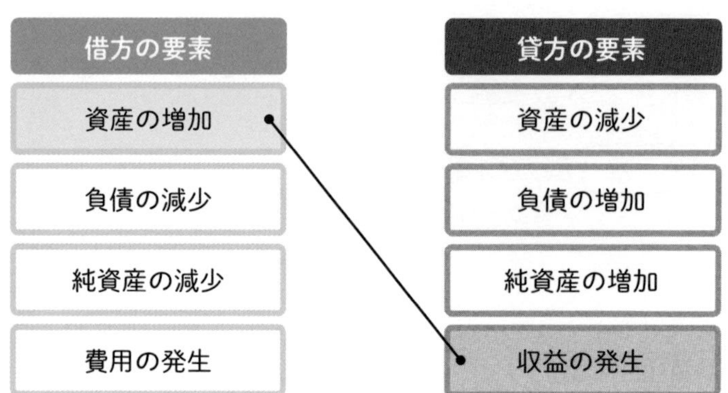

ステップ 2 借方の勘定科目と貸方の勘定科目を決める

借　方 資産の増加
⇨具体的には、現金勘定

貸　方 収益が発生
⇨具体的には、売上勘定

DAY 1 chapter 1 2
DAY 2 chapter 3 4
DAY 3 chapter 5 6
DAY 4 chapter 7
DAY 5 chapter 8 9
DAY 6 chapter 9
DAY 7 chapter 10

ステップ3 借方と貸方の金額を決める

借　方 現金勘定 ⇨ 金額は￥64,000

貸　方 売上勘定 ⇨ 金額は￥64,000

勘定科目には送りがながありません。
× 仕入れ ⟶ ○ 仕入
× 売り上げ → ○ 売上
注意しよう。がるる〜

❺ いろいろな経費

取　引

5月25日　輪仁商事は、従業員に対する給料￥40,000と、水道光熱費￥20,000を現金で支払った。

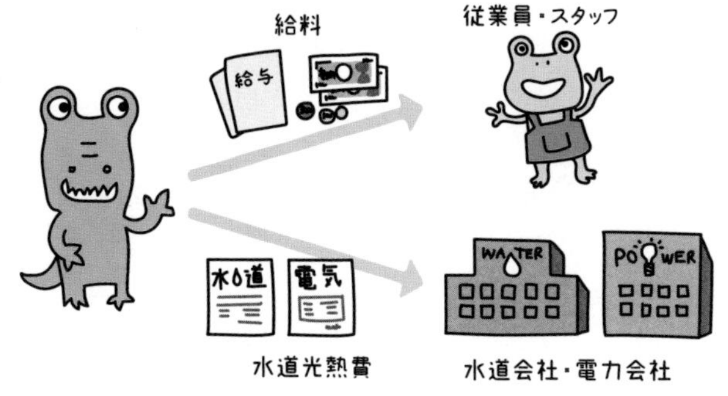

5月25日（借）	給　　料 費用の発生	40,000	（貸）	現　　金 資産の減少	60,000
	水道光熱費 費用の発生	20,000			

※ 費用ごとに勘定科目と金額を区別して、並べて書きます。

ステップ 1 取引を借方の要素と貸方の要素に分ける

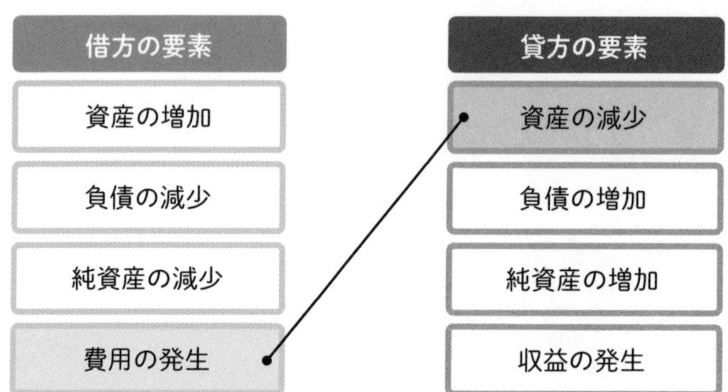

ステップ 2 借方の勘定科目と貸方の勘定科目を決める

借　方 費用が発生

⇨ここでは、給料勘定と水道光熱費勘定

貸　方 資産が減少

⇨具体的には、現金勘定

ステップ 3 借方と貸方の金額を決める

借　方 給料勘定
⇨ 金額は￥40,000
水道光熱費勘定
⇨ 金額は￥20,000

貸　方 現金勘定
⇨ 金額は￥60,000

❻ 借入金の返済

取　引

5月30日　輪仁商事は取引先縞馬商店からの借入金￥10,000を現金で返済した。

5月30日（借）借　入　金　10,000　（貸）現　　金　10,000
負債の減少　資産の減少

2-3 転記（てんき）とは

転記とは、仕訳を総勘定元帳（そうかんじょうもとちょう）と呼ばれる帳簿に書き写しておくことをいいます。

ここでちょっと目線を変えてみましょう。

企業の経営者は、帳簿に記入した結果から何を知りたいのでしょう？

- 今日の現金残高はいくらあるの？
- 今月の売上はいくらだったの？
- 今月は商品をいくら仕入れたの？
- 借入金はあといくら残っているの？

こんなことを知りたいと思っています。

そのためには仕訳した結果を「転記」しておきます。

転記とは　～1カ所に集めておく～

コンビニなどのような現金商売の場合、1日に相当な現金の受け取りと支払いがあると思います。そこで、現金の増減を1カ所に集めておけば、今いくらの現金があるかは簡単にわかります。

このように仕訳した内容を勘定口座(かんじょうこうざ)に書き写すことを転記（てんき）といいます。

※ 勘定口座とは、各勘定科目（かくかんじょうかもく）についての増減（ぞうげん）を記録するための単位です。

勘定口座の例

現　　金	

借　入　金	

転記の方法

転記とは仕訳を書き写すことです。

- 仕訳の借方は、同じ名称の勘定口座の借方へ書き写す
- 仕訳の貸方は、同じ名称の勘定口座の貸方へ書き写す

なお、日付と相手勘定科目を忘れずに記入してください。
相手勘定科目とは、

・借方からみた貸方勘定科目

・貸方からみた借方勘定科目

のことです。

具体的に、転記の仕方を確認しましょう。

例　題

次の取引の仕訳を勘定口座に転記しなさい。

	借方科目	金額	貸方科目	金額
5月 1日	現金	100,000	資本金	100,000
5月 5日	現金	10,000	借入金	10,000
5月10日	仕入	50,000	現金	50,000
5月17日	現金	64,000	売上	64,000
5月25日	給料	40,000	現金	60,000
	水道光熱費	20,000		
5月30日	借入金	10,000	現金	10,000

chapter 2
1
2
3
第3節 転記とは

答案用紙

現　金

5/1 資本金 100,000	

借 入 金

資 本 金

	5/1 現　金 100,000

仕　入

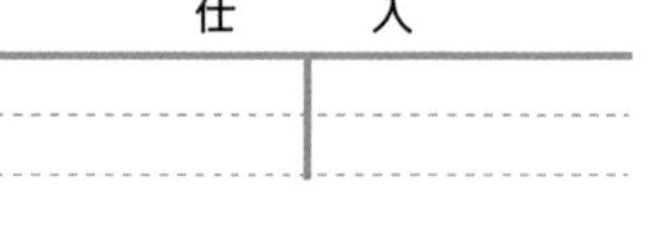

売　上　　　給　料

水道光熱費

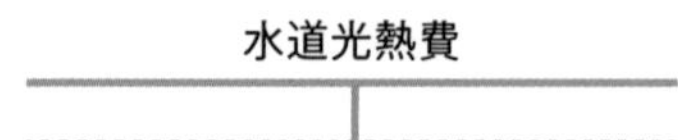

5月1日の記入

仕訳の借方 ⇨ 現金勘定の借方に ¥100,000 と記入

仕訳の貸方 ⇨ 資本金勘定の貸方に ¥100,000 と記入

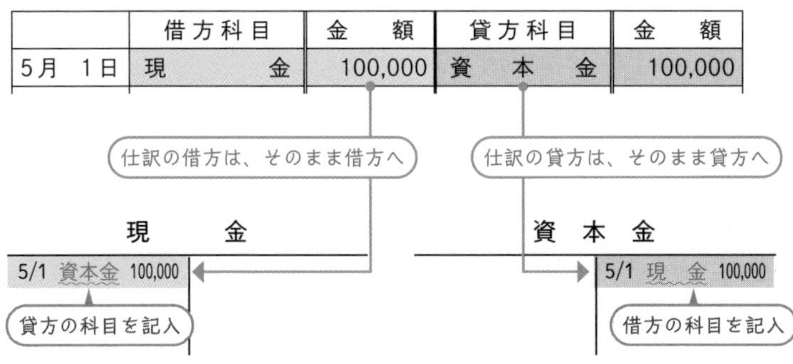

5月5日の記入

仕訳の借方 ⇨ 現金勘定の借方に ¥10,000 と記入

仕訳の貸方 ⇨ 借入金勘定の貸方に ¥10,000 と記入

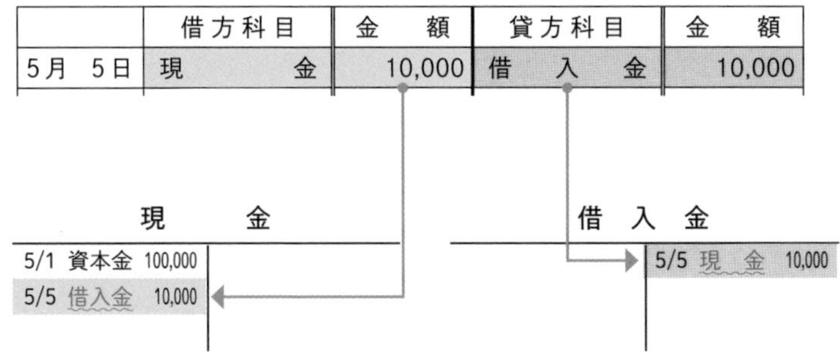

5月10日の記入

仕訳の借方 ⇨ 仕入勘定の借方に¥50,000と記入

仕訳の貸方 ⇨ 現金勘定の貸方に¥50,000と記入

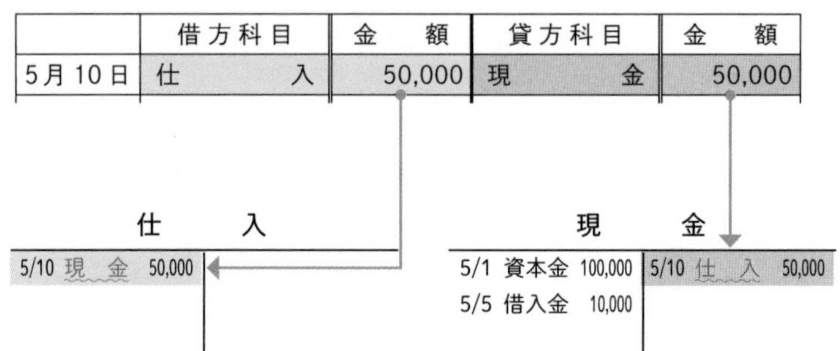

	借方科目	金額	貸方科目	金額
5月10日	仕入	50,000	現金	50,000

5月17日の記入

仕訳の借方 ⇨ 現金勘定の借方に¥64,000と記入

仕訳の貸方 ⇨ 売上勘定の貸方に¥64,000と記入

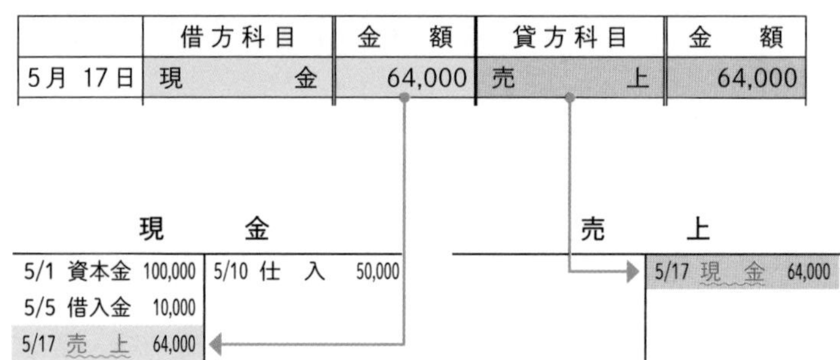

	借方科目	金額	貸方科目	金額
5月17日	現金	64,000	売上	64,000

5月25日の記入

現金勘定からみた**相手勘定科目は、給料勘定と水道光熱費勘定の２つ**です。

このようなとき、相手勘定科目は「諸口（しょくち）」とします。

仕訳の借方 ⇨ **給料勘定の借方**に¥40,000、
水道光熱費の借方に¥20,000と、
それぞれ分けて記入。

仕訳の貸方 ⇨ **現金勘定の貸方**に¥60,000と記入。
相手勘定科目は「諸口」とする。

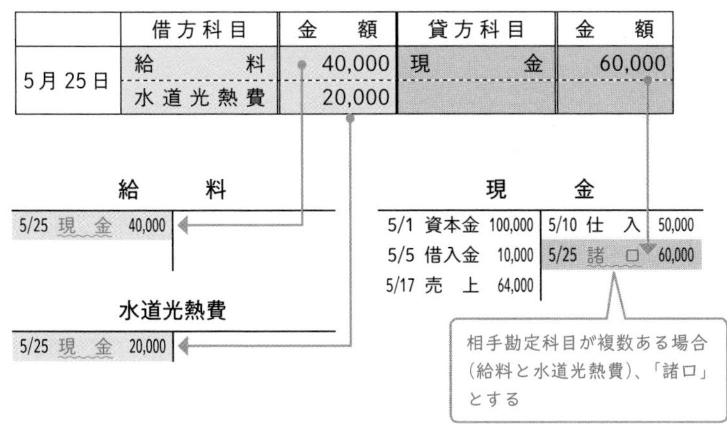

	借方科目	金額	貸方科目	金額
5月25日	給料	40,000	現金	60,000
	水道光熱費	20,000		

5月30日の記入

仕訳の借方 ⇨ 借入金勘定の借方に ¥10,000 と記入

仕訳の貸方 ⇨ 現金勘定の貸方に ¥10,000 と記入

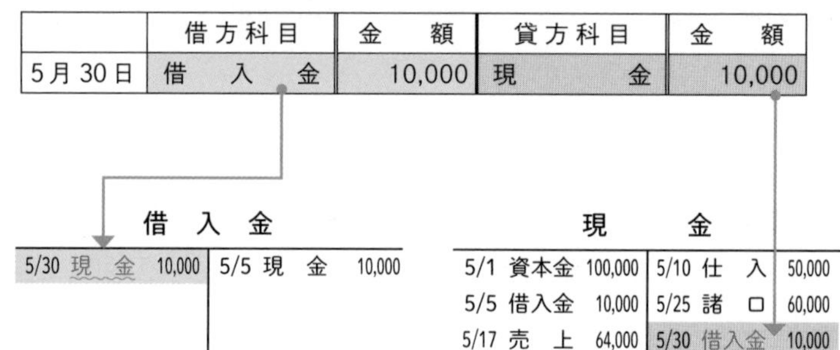

	借方科目	金　額	貸方科目	金　額
5月30日	借　入　金	10,000	現　　金	10,000

解答

現　金

借方			貸方		
5/1	資本金	100,000	5/10	仕　入	50,000
5/5	借入金	10,000	5/25	諸　口	60,000
5/17	売　上	64,000	5/30	借入金	10,000

借　入　金

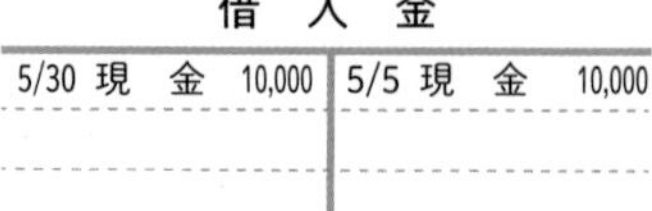

借方			貸方		
5/30	現　金	10,000	5/5	現　金	10,000

資　本　金

借方			貸方		
			5/1	現　金	100,000

仕　入

借方			貸方		
5/10	現　金	50,000			

売　上

借方			貸方		
			5/17	現　金	64,000

給　料

借方			貸方		
5/25	現　金	40,000			

水道光熱費

借方			貸方		
5/25	現　金	20,000			

第3章

現金と預金

3-1 簿記上の現金

現金というとお札やコインを指しますが、簿記ではこの他にも現金とするものがあります。いっけん､現金には見えないんですけどネ。そのため「簿記上の現金」と呼んでいます。

小切手や普通為替証書も現金に

- 契約をしている携帯会社から、キャンペーンとして普通為替証書が送られてきた
- 商品を売ったところ、相手先から小切手を受け取った

普通為替証書や小切手は金融機関に持っていくと、
その場で換金できます。
そのため、簿記では小切手や普通為替証書なども、現金になります。
これはお札やコインを受け取ったのと変わらないからです。

なお、小切手や普通為替証書は、通貨の代用に用いられるため「通貨代用証券（つうかだいようしょうけん）」と呼ばれています。

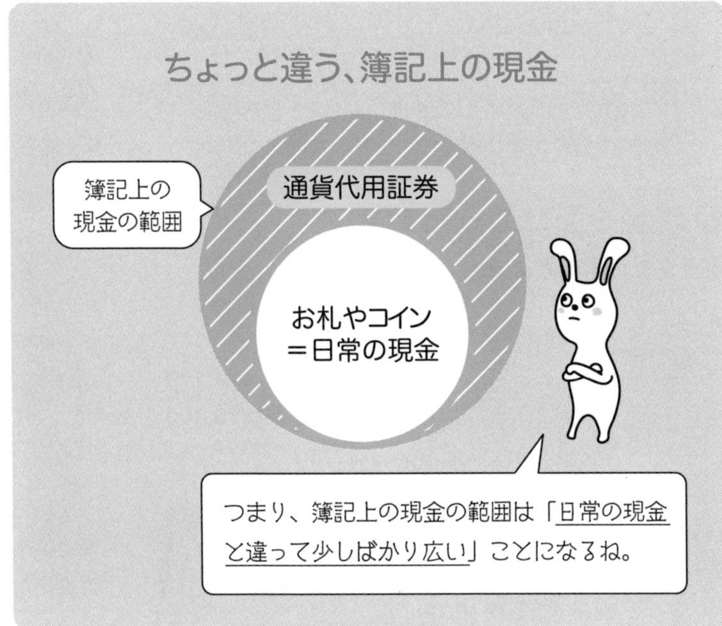

現金取引の記帳

現金は資産です。そのため、

★ 現金を受け取ったら現金勘定の借方

★ 現金を支払ったら現金勘定の貸方

にそれぞれ記入します。

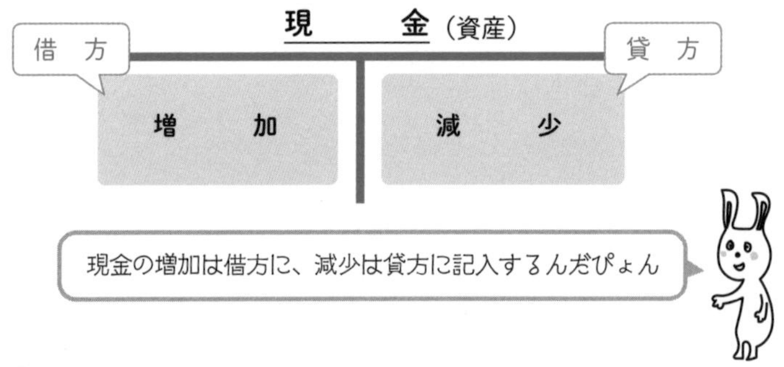

❶ 現金を受け取ったとき

現金を受け取ったときは、現金勘定（資産）の借方に記入します。

取　引

4月1日　輪仁商事は、麒麟商店に商品 ¥10,000 を販売し、代金は現金で受け取った。

4月1日（借）現　　金　10,000　（貸）売　　上　10,000
資産の増加　　収益の発生

❷ 現金を支払ったとき

現金を支払ったときは、現金勘定（資産）の貸方に記入します。

取　引

4月5日　　輪仁商事は、法人契約の携帯電話代 ¥8,000 を現金で支払った。

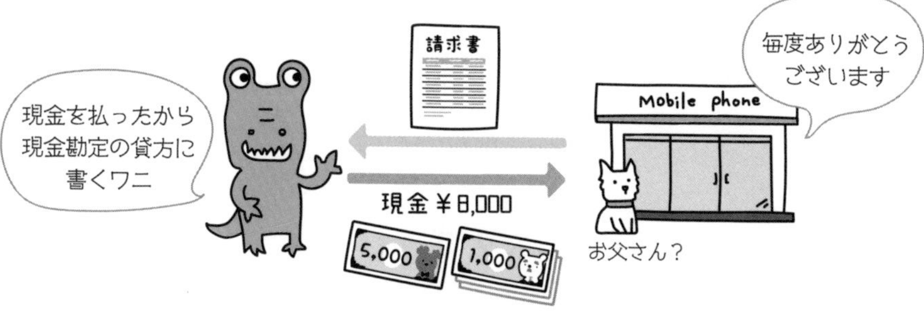

4月5日（借）通　信　費　8,000　（貸）現　　金　8,000
　　　　　　費用の発生　　　　　　　資産の減少

❸ 通貨代用証券（つうかだいようしょうけん）を受け取ったとき

小切手や普通為替証書など、通貨代用証券を受け取ったときは即換金可能なため、現金勘定（資産）の借方に記入します。

取　引

4月8日　　輪仁商事は河馬（かば）商店に商品 ¥20,000 を販売し、代金は同店振出（どうてんふりだし）の小切手で受け取った。（振出＝小切手を発行し渡すこと）

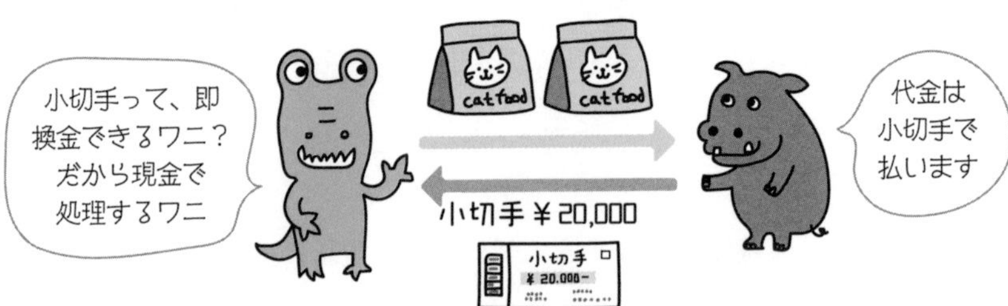

4月8日	(借) 現　　金 資産の増加	20,000	(貸) 売　　上 収益の発生	20,000

④ 小切手を譲渡(じょうと)したとき

小切手は銀行で換金することができますが、そのまま誰かに譲ることもできます（小切手の譲渡）。

このとき、**現金の減少**として処理します。

取　引

4月12日　輪仁商事は縞馬商店から商品￥20,000を仕入れ、かねて河馬商店から受け取っていた小切手を譲渡した。

4月12日	(借) 仕　　入 費用の発生	20,000	(貸) 現　　金 資産の減少	20,000

確認問題

問題 3-1 次の取引の仕訳を示しなさい。勘定科目は次の中から選んで、記号で答えること。

イ	現　　　金	ロ	普 通 預 金	ハ	仕　　　入
ニ	水道光熱費	ホ	売　　　上	ヘ	通　信　費

4月　1日　大阪商店に商品￥10,000を販売し、代金は現金で受け取った。

4月　5日　法人契約の携帯電話代￥8,000を現金で支払った。

4月　8日　兵庫商店に商品￥20,000を販売し、代金は同店振出の小切手で受け取った。

4月12日　福岡商店から商品￥20,000を仕入れ、かねて兵庫商店から受け取っていた小切手を譲渡した。

答案用紙 3-1

	借方科目	金　額	貸方科目	金　額
4月　1日				
4月　5日				
4月　8日				
4月12日				

3-2 現金残高が一致しない場合には

一日の営業が終わり、金庫の中の現金を調べたら、帳簿上の現金と合わない！
もしその場にいあわせたら、ドキドキしてしまうでしょう。
これを「現金過不足」といい、実はこれ、よく起きることなんです。

現金過不足とは

現金過不足とは、現金の帳簿残高と実際残高が一致しない場合の差額のことをいいます。
現金過不足が生じたら、実際残高に一致するように、帳簿上の現金残高を修正します。

帳簿残高とは：現金出納帳※の残高

※現金出納帳とはお金の入出金を記録する帳簿。

現金出納帳

日付		摘要	借/貸	借方	貸方	残高
11	1	前月繰越	借	10,000		10,000
	〃	貸付金の回収	〃	5,000		15,000

帳簿残高は¥15,000

実際残高とは：金庫の中の残高

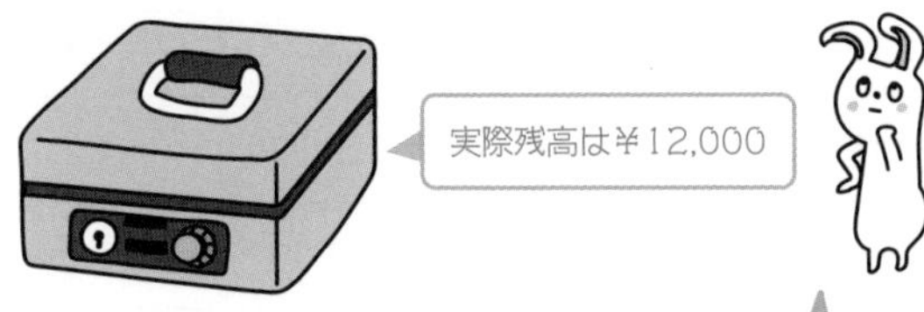

- 帳簿残高は¥15,000、実際残高は¥12,000だとすると、現金過不足は¥3,000になる
- 原因を調べて、帳簿残高を実際残高に一致させる

処理のポイント：帳簿残高を実際残高に合わせる

これ、実際残高イコール、
事実だからなんだよ。
帳簿は事実を書くものだからね

現金過不足はなぜ発生するのか

現金を出し入れするたびに、帳簿にもそのたびに書く。

こうすれば現金過不足は発生しません。

しかし、帳簿に書くのを忘れてしまうと、現金過不足は発生します。

過不足発生の原因

	金　庫	現金出納帳
営業開始時の現金残高	¥10,000	¥10,000
現金を受け取った	＋ 5,000	＋ 5,000
現金を支払った	－ 3,000	忘れた！ —
営業終了時の現金残高	¥12,000	¥15,000

一致しない

この処理をどうやって行うのか、見てみましょう。

帳簿残高 > 実際残高の場合

❶ 現金過不足が発生したとき

- 帳簿上の現金残高を実際の現金残高に合わせる
- 原因が判明するまで、現金過不足勘定の借方に記入しておく

取　引

営業時間終了後に金庫の現金を調べたところ、帳簿残高は¥15,000、実際残高は¥12,000であった。そこで現金過不足勘定に振り替えた。

発生時	（借）	現金過不足	3,000	（貸）	現　　金	3,000
		②仮勘定※の増加			①資産の減少	

① 帳簿上の現金を￥3,000 減らしたい。

そこで、現金勘定の貸方に￥3,000 と書きます。

(借)		(貸) 現　　金	3,000

その結果、現金の帳簿残高は実際残高の￥12,000 になります。

こうして、帳簿上の現金と実際の現金を一致させます。

② 仕訳って、借方もないと成立しません。そこで、原因が判明するまでの間、仮勘定(かりかんじょう)※である現金過不足勘定に振り替えます。

(借) 現金過不足	3,000	(貸) 現　　金	3,000

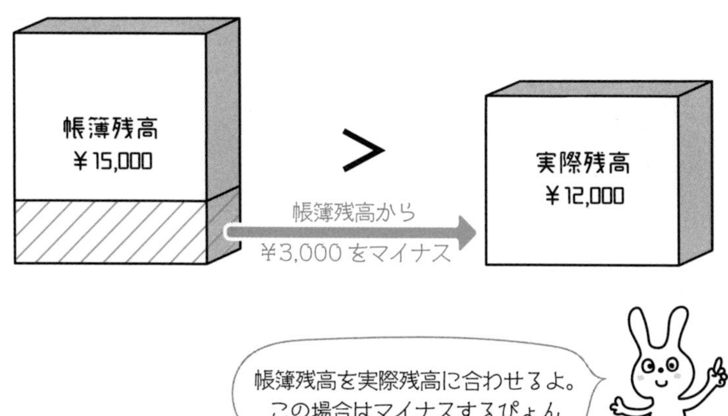

※仮勘定とは発生した取引の勘定が不明のとき一時的に使用する科目。

❷ 原因がわかったとき

- 現金過不足勘定（借方残高）を減らす
- 適切な勘定に振り替える

取　引

現金過不足勘定の借方残高￥3,000のうち￥2,000は、旅費交通費の記帳漏れであることが判明した。

原因判明（借）	旅費交通費 ①費用の発生	2,000	（貸）	現金過不足 ②仮勘定の減少	2,000

① 従業員に旅費交通費を支払いました。しかしその記帳を忘れていたことが、現金過不足の原因でした。そこで旅費交通費勘定の借方に￥2,000と記入します。

(借) 旅費交通費　2,000 (貸)

② 現金過不足勘定は原因がわかるまでの間を処理する勘定です。原因がわかったら、貸方に記入して消しておきましょう。

(借) 旅費交通費　2,000 (貸) 現金過不足　2,000

❸ 決算を迎えたとき

◎現金過不足勘定の残高を雑損勘定（費用）に振り替える

取　引

決算を迎え、現金過不足勘定の借方残高￥1,000を雑損とした。

決算日	（借）雑　損 ①費用の発生	1,000	（貸）現金過不足 ②仮勘定の減少	1,000

① 決算日になっても原因が判明しない現金過不足は、雑損勘定（費用）で処理します。「雑損」はその他の費用、という意味です。

（借）雑　損	1,000	（貸）	

② 決算日以降に現金過不足勘定を持ち越さないようにするため、現金過不足勘定の貸方に記入して消しておきましょう。

（借）雑　損	1,000	（貸）現金過不足	1,000

これで現金過不足の残高は0になりました。

DAY 1 chapter 1 2
DAY 2 chapter 3 4
DAY 3 chapter 5 6
DAY 4 chapter 7
DAY 5 chapter 8 9
DAY 6 chapter 9
DAY 7 chapter 10

帳簿残高 < 実際残高の場合

❶ 現金過不足が発生したとき

- 帳簿上の現金残高を実際の現金残高に合わせる
- 原因が判明するまで、現金過不足勘定の貸方に記入しておく

取　引

営業時間終了後に金庫の現金を調べたところ、帳簿残高は¥20,000、実際残高は¥25,000であった。そこで現金過不足勘定に振り替えた。

発生時	(借)	現　　金 ①資産の増加	5,000	(貸) 現金過不足 ②仮勘定の増加	5,000

① 現金勘定の借方に¥5,000と記入します。これで帳簿上の現金が増え、現金帳簿残高¥20,000は実際残高の¥25,000に一致しました。

(借) 現　　金	5,000	(貸)	

② 原因が判明するまでの間、仮勘定である現金過不足勘定に振り替える。この場合、現金過不足は貸方に登場します。

(借) 現　　金	5,000	(貸) 現金過不足	5,000

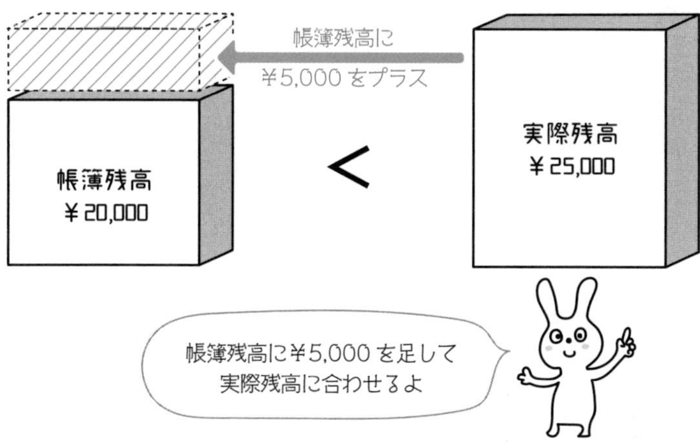

❷ 原因がわかったとき

- 現金過不足勘定（貸方残高）を減らす
- 適切な勘定で処理する

取　引

現金過不足勘定の貸方残高￥5,000のうち￥4,000は、貸付金回収の記帳漏れであることが判明した。

原因判明	（借）現金過不足 ②仮勘定の減少	4,000	（貸）貸　付　金 ①資産の減少	4,000

① 貸付金を回収して金庫に現金も入れました。しかしその記帳を忘れていたことが、現金過不足の原因でした。そこで貸付金勘定の貸方に￥4,000と記入します。

(借)		(貸)貸　付　金	4,000

② 現金過不足勘定の原因がわかったら、（この場合は）借方に記入して消しておきましょう。

(借)現金過不足	4,000	(貸)貸 付 金	4,000

❸ 決算を迎えたとき

現金過不足勘定の残高を雑益勘定（収益）に振り替える

取 引

決算を迎え、現金過不足勘定の貸方残高￥1,000を雑益とした。

決算日	(借) 現金過不足 ②仮勘定の減少	1,000	(貸) 雑　益 ①収益の発生	1,000

① 決算日になっても原因が判明しない現金過不足は、雑益勘定（収益）で処理します。「雑益」はその他の収益、という意味です。

(借)		(貸)雑 益	1,000

② 決算日以降に現金過不足勘定を持ち越さないようにするため、現金過不足勘定の借方に記入して消しておきましょう。

(借)現金過不足	1,000	(貸)雑 益	1,000

決算日に生じた現金過不足

決算日当日に現金過不足が生じた場合には、現金過不足勘定に振り替えず、直接に現金勘定で処理します。

❶ 現金不足の場合

決算日に生じたのが現金不足（帳簿残高 > 実際残高）の場合、雑損勘定（費用）に振り替えます。また相手勘定は現金過不足勘定ではなく、現金勘定とします。

取　引

決算日に金庫の現金を調べたところ、帳簿残高は¥15,000、実際残高は¥12,000であった。そこで、雑損勘定に振り替えた。

決算日	（借）雑　損 費用の発生	3,000	（貸）現　金 資産の減少	3,000

現金過不足：¥15,000 − ¥12,000 = ¥3,000

❷ 現金過剰の場合

決算日に生じたのが現金過剰（帳簿残高<実際残高）の場合、雑益勘定（収益）に振り替えます。また相手勘定は現金過不足勘定ではなく、現金勘定とします。

取　引

決算日に金庫の現金を調べたところ、帳簿残高は￥20,000、実際残高は￥25,000であった。そこで、雑益勘定に振り替えた。

決算日	（借）現　　金	5,000	（貸）雑　　益	5,000
	資産の増加		収益の発生	

現金過不足：￥25,000 －￥20,000 ＝￥5,000

期中に現金過不足が生じた場合、現金過不足勘定に振り替えますが、決算日当日では、そんな悠長なことをしていられません。
そこで直接に現金勘定に記入するのです。

確認問題

問題 3-2 次の取引を仕訳し、与えられた勘定口座に転記しなさい。勘定科目は次の中から選んで、記号で答えること。

イ	現　　　金	ロ	現金過不足	ハ	雑　　　益
ニ	雑　　　損	ホ	旅費交通費	ヘ	通　信　費

（1）

3月　1日　営業時間終了後に金庫の現金を調べたところ、帳簿残高は￥15,000、実際残高は￥12,000であった。そこで現金過不足勘定に振り替えた。

3月　5日　現金過不足勘定の借方残高￥3,000のうち￥2,000は、旅費交通費の記帳漏れであることが判明した。

3月31日　決算を迎え、現金過不足勘定の借方残高￥1,000を雑損とした。

（2）

3月31日　決算日に金庫の現金を調べたところ、帳簿残高は￥12,500、実際残高は￥13,000であった。そこで、雑益勘定に振り替えた。

答案用紙 3-2

（1）

	借方科目	金　額	貸方科目	金　額
3月　1日				
3月　5日				
3月31日				

（2）

	借方科目	金　額	貸方科目	金　額
3月31日				

3-3 様々な預金

ここでは、企業がもつ様々な預金の処理を見ていきます。
普通預金は私たちにも身近なものですが、このほかにも企業に特有の預金があります。

預金の種類

日商簿記３級で学ぶ預金には、次の３つがあります。
特に当座預金は、日常生活ではお目にかからない、企業活動に特有の預金といっていいでしょう。

簿記で学習する預金の種類

普通預金	預け入れと払い戻しが自由にできる預金口座。銀行取引の基本となる預金です。公共料金や家賃などの自動支払い、給与や年金などの自動受け取りができます。
当座預金	手形や小切手の支払いに使われる預金。法律により利息が付きません。銀行が破綻しても、預金保険制度によって全額保護されます。
定期預金	１年後、３年後など、預け入れの期間を決めて預ける預金。期日まで原則、引き出しができませんが、金利が高いことが特徴です。

※資料：一般社団法人全国銀行協会のホームページより

ちなみに、一般社団法人全国銀行協会の Web サイトによると、この３つに加えて合計７種類の預金があるそうです。

当座預金（とうざよきん）

当座預金は代金決済に使われる預金です。決済専用ですから利息は付きません。

そして、当座預金からの引き出しには小切手（こぎって）を使います。

では、小切手とはどんなものでしょう？

小切手は、当座預金口座から指定された金額を支払ってください、と依頼（いらい）するものです。ではだれが、だれに依頼するのでしょうか。

これは小切手の作成者（振出人（ふりだしにん））が、銀行に対して依頼します。

小切手の見本

小　切　手

東京　××××
○○○○－○○

支払地　東京都千代田区××
○○銀行　東京支店

金額　￥1,000,000※

上記の金額をこの小切手と引き換えに持参人へお支払いください。

振出日　令和Ｘ2年2月11日
振出地　東京都千代田区○○

振出人　株式会社マスクマン
代表取締役　マスクマン　印

上の小切手を見ると「上記の金額をこの小切手と引き換えに持参人（じさんにん）へお支払いください」とあります。

預金はキャッシュカードや預金通帳で引き出せる、ということは常識です。

しかし、当座預金に限っては小切手を振り出さないと引き出しができません。

当座預金の処理

当座預金は資産です。そのため、

- 当座預金に預けたら当座預金勘定の借方
- 当座預金から引き出したら当座預金勘定の貸方

にそれぞれ記入します。

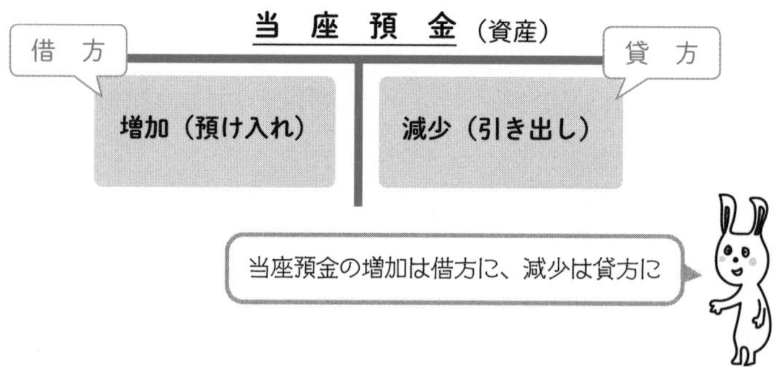

❶ 当座預金に預け入れたとき

取 引

11月1日　輪仁商事株式会社は、関東興業銀行と当座取引契約を結び、現金￥100,000を預け入れた。

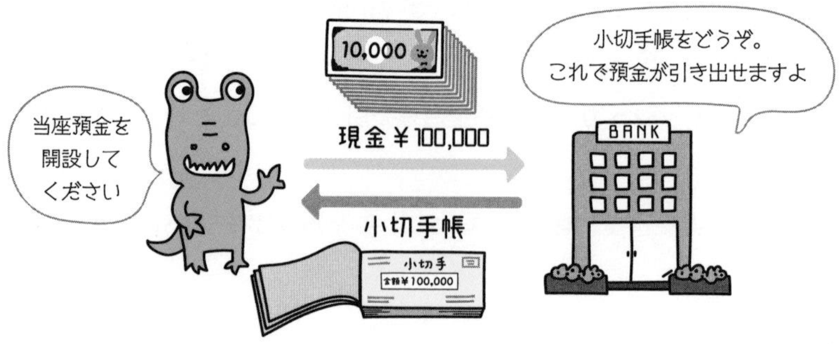

当座預金への預け入れ

11月1日 (借) 当座預金 100,000 (貸) 現　金 100,000
①資産の増加　②資産の減少

① 当座預金口座に現金を預け入れたため、当座預金が増えました。そこで**当座預金勘定（資産）の借方**に¥100,000と記入します。

② 当座預金口座に預けたので、現金が減りました。そこで、**現金勘定（資産）の貸方**に記入します。

❷ 当座預金から引き出したとき

当座預金からお金を引き出すには小切手を振り出します。このとき、当座預金の減少として処理します。

取　引

11月10日　輪仁商事株式会社は、獅子丸(ししまる)商店から商品100個（@¥1,500）を仕入れ、代金¥150,000は**小切手を振り出して**支払った。

当座預金の引き出し

11月10日	(借) 仕入 ②費用の発生	150,000	(貸) 当座預金 ①資産の減少	150,000

① 当座預金口座からお金を引き出すために小切手を振り出しました。そこで当座預金勘定（資産）の貸方に記入します。

② 商品を仕入れたため、費用が発生したと考えます。そこで仕入勘定（費用）の借方に記入します。

当座借越（とうざかりこし）とは

当座借越（とうざかりこし）って、不渡り（ふわた）を出さないための銀行からの借入金をいいます。

不思議だと思いませんでしたか？

上の例では、当座預金に￥100,000を預け入れ￥150,000を引き出しました。普通なら銀行は支払いに応じてくれません。**なぜなら預金がマイナス**だからです。銀行が支払いに応じてくれない状態を不渡り（ふわた）といいます。

しかし、**当座借越契約（とうざかりこしけいやく）**を結んでいました。当座借越契約は、当座預金残高が不足していたら、**不足分を銀行が立て替えてくれる**契約です。

当座借越が発生：当座借越勘定（負債）

当座借越は借入金と同じ負債ですね。

取　引

3月31日　決算において当座預金の残高が¥50,000（貸方）となっているが、これは全額が当座借越によるものである。そこで、適切な勘定に振り替えた。

当座借越への振替

3月31日（借）当座預金　50,000　（貸）当座借越　50,000
①資産の増加　②負債の増加

① 当座預金は¥50,000の貸方残高です。そこで、当座預金の借方に¥50,000と記入して0にします。

② ¥50,000は銀行から借りたものです。そのため、当座借越勘定（負債）の増加とします。

自己振出小切手の回収

小切手を受け取ったら、銀行で換金します。それがフツーですが、換金せずに第三者に譲ることもできます。

自分が振り出した小切手を受け取った相手が、小切手を換金せずにだれかに譲り、それが自分のところに戻ってきた場合、小切手を受け取ったことに違いはありませんが、他人振出のものではないため現金勘定で処理せずに、当座預金勘定で処理します。

取　引

輪仁商事株式会社は、麒麟商店に商品￥10,000を販売し、代金はかねて輪仁商事が振り出していた同額の小切手を受け取った。

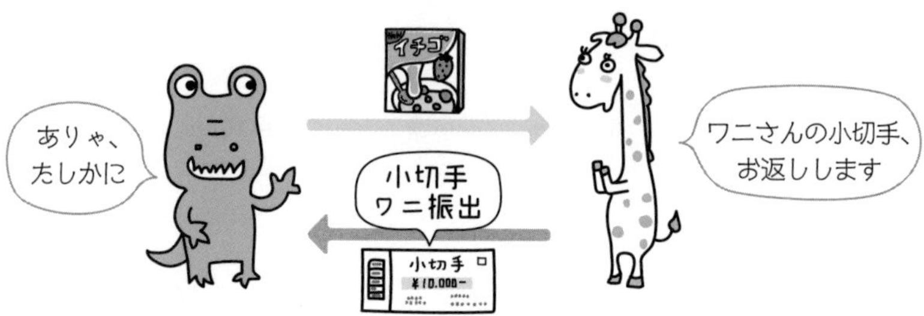

(借)当座預金	10,000	(貸)売　　上	10,000
資産の増加		収益の発生	

元々、小切手を振り出したとき、次のように仕訳しています。

(借)○○○○	10,000	(貸)当座預金	10,000

しかし、当座預金から支払いは行われず、小切手はワニさんの元に戻ってきました。

これで小切手の支払いの必要はなくなったため、当座預金の減少を取り消します。

(借)当座預金	10,000	(貸)売　　上	10,000

複数の預金口座の管理

当座預金口座が複数存在する場合、当座預金勘定一本では管理しにくいので、「当座預金○○銀行」などとして区別して預金口座別に管理することがあります。

取　引

輪仁商事株式会社は、現金を A 銀行の当座預金口座に￥60,000、B 銀行の当座預金口座に￥40,000 預け入れた。なお、当社は預金口座ごとの勘定科目を設けている。

(借)	当座預金A銀行 資産の増加	60,000	(貸) 現　　　金 資産の減少	100,000
	当座預金B銀行 資産の増加	40,000		

実務では、当座預金勘定の下の階層に補助科目（A 銀行、B 銀行など）を設定して、銀行口座毎に管理します。しかし、簿記の学習上は、当座預金 A 銀行、当座預金 B 銀行のように一体の勘定科目として処理します。

その他の預金

・普通預金（ふつうよきん）

普通預金は、銀行取引の基本となる預金で、自由に預（あず）け入（い）れと払（はら）い戻（もど）しができる預金です。公共料金や家賃などの自動支払い、給与や年金などの自動受取りができます。

定期預金と違って、預入期間（あずけいれきかん）は決まっていません。

普通預金取引：普通預金勘定（資産）で処理

普通預金

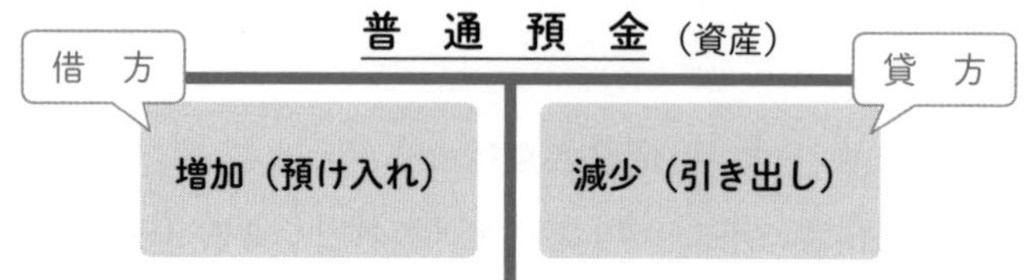

取 引

11 月 2 日　輪仁商事は、野生銀行に普通預金口座を開設し、現金¥30,000 を預け入れた。

11月2日	(借) 普通預金 資産の増加	30,000	(貸) 現　　金 資産の減少	30,000

---

11 月 15 日　本日、普通預金口座から電話代¥2,000 と家賃¥8,000 が引き落とされた。

11月15日	(借) 通信費 費用の発生	2,000	(貸) 普通預金 資産の減少	10,000
	支払家賃 費用の発生	8,000		

・定期預金

1 年後、3 年後など、預け入れ期間を決めて預ける預金です。満

期日まで原則、引き出しができませんが、普通預金に比べて金利が高いのがメリットです。

定期預金取引：定期預金勘定（資産）で処理

定期預金

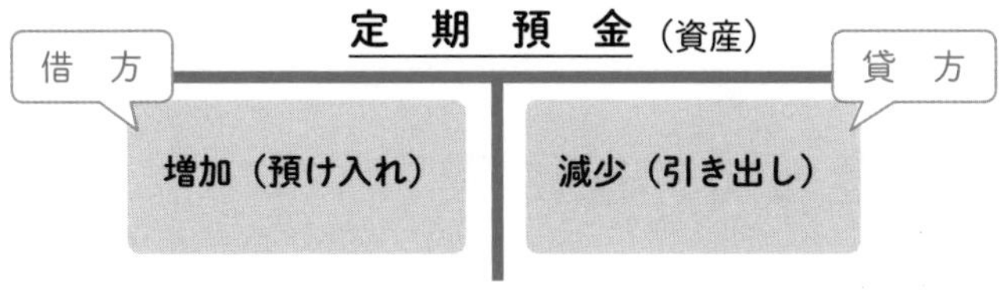

取引

11月10日　輪仁商事は野生銀行に定期預金口座を作り、現金¥20,000を預け入れた。

日付	借方	金額	貸方	金額
11月10日	(借) 定期預金 資産の増加	20,000	(貸) 現金 資産の減少	20,000

5月10日　野生銀行に預けていた¥20,000のうち定期預金¥10,000が本日満期となり、利息¥1,000を含めて新たに更新した。利息は新預金に含めることとする。

日付	借方	金額	貸方	金額
5月10日	(借) 定期預金 資産の増加	11,000	(貸) 定期預金 資産の減少	10,000
			受取利息 収益の発生	1,000

3-4 小口現金（こぐちげんきん）

小口現金は、日常のこまごまとした経費を支払うために用意された現金をいいます。

小口現金って、なに？

小口経費を支払うために用意された資金を小口現金といいます。

小口現金（こぐちげんきん）：少額の経費を支払うための資金

小口現金の流れ

ちょっと面倒くさいと思いますが、小口現金の流れを示します。さらっと確認してください。

小口現金取引

❶ 経理係は用度係に支払資金を前渡しします。これは月のはじめに行います。用度係は小口現金の支払担当です。

❷ 用度係は交通費の精算等、従業員から請求があると小口現金から支払いをします。

❸ 月末になったら、用度係は経理係にその月の支払報告をします。

❹ 支払報告を受けた経理係は、用度係に使った分の小口現金を補給します。

用度係が付ける帳簿

用度係は、従業員に支払いをする度に、小口現金出納帳に記入します。

小口現金出納帳

小口現金出納帳

受入	日付		摘要	支払	内訳			
					通信費	交通費	消耗品費	雑費
10,000	11	1	小切手受入					
		10	事務用ボールペン等	3,000			3,000	
		12	接待用お茶	1,000				1,000
		20	切手代および電話代	2,000	2,000			
		28	定期券代	2,000		2,000		
			計	8,000	2,000	2,000	3,000	1,000
8,000		30	小切手受入					
		〃	次月繰越	10,000				
18,000				18,000				
10,000	12	1	前月繰越					

例　題

次の取引を仕訳し、小口現金出納帳に記入しなさい。

11 月　1 日　経理係は小切手￥10,000 を振り出して小口現金を前渡した。

11 月 30 日　経理係は、用度係から 11 月の支払報告を受けた。

11 月 10 日：事務用のボールペンとコピー用紙　￥3,000

11 月 12 日：接客用の日本茶　￥1,000

11 月 20 日：切手代および電話代　￥2,000

11 月 28 日：定期券代　￥2,000

11 月 30 日　経理係は用度係に対して小切手￥8,000 を振り出して、小口現金を補給した。

答案用紙

小口現金出納帳

受入	日付		摘要	支払	内訳			
					通信費	交通費	消耗品費	雑費

仕　訳

小口現金　仕訳

11月1日	(借) 小口現金 資産の増加	10,000	(貸) 当座預金	10,000

11月30日	(借) 通信費	2,000	(貸) 小口現金 資産の減少	8,000
	交通費	2,000		
	消耗品費	3,000		
	雑費	1,000		

11月30日	(借) 小口現金 資産の増加	8,000	(貸) 当座預金	8,000

❶ 経理係は用度係に小切手を振り出して小口現金を渡しました。そのため、小口現金勘定の借方に¥10,000と記入します。

❷ 11月30日には、小口現金出納帳に基づいて支払報告をします。経理係は、このときはじめて「何の経費にいくら使ったのかがわかる」ので、経費計上の仕訳をします。また、小口現金を使った部分は小口現金勘定の貸方に記入します。

❸ 同じ日に資金の補給をしたので、上記のように仕訳します。

小口現金出納帳の記入は次のとおりです。

記入の方法

小口現金出納帳

受入	日付		摘要	支払	内訳			
					通信費	交通費	消耗品費	雑費
10,000	11	1	小切手受入 ❶					
		10	事務用ボールペン等	3,000			3,000	
		12	接待用お茶	1,000				1,000
		20	切手代および電話代	2,000	2,000			
		28	定期券代	2,000		2,000		
			計 ❷	8,000	2,000	2,000	3,000	1,000
8,000		30	小切手受入 ❸					
		〃	次月繰越	10,000 ❹				
18,000				18,000				
10,000	12	1	前月繰越					

小口現金出納帳は、用度係が記入します。また簿記の知識がなくても記入できるように配慮されています。

❶ 用度係は、受け取った小切手の額¥10,000を受入欄（うけいれらん）に記入します。

❷ 従業員に支払いをする度に、支払欄（しはらいらん）に記入します。また内訳として、通信費・交通費・消耗品費・雑費に分けて記入します。

❸ 小切手で資金の補給を受けたため、受入欄に記入します。

❹ 補給を受けたので、次月繰越（じげつくりこし）は¥10,000に戻りました。

ただちに小口現金を補給した場合

例題において、支払報告と同時に小口現金を補給した場合、
小口現金勘定を使用しないで仕訳することがあります。

取　引

経理係は、用度係から11月の支払報告を受け、ただちに小切手¥8,000を振り出して、小口現金を補給した。

通信費　¥2,000、交通費　¥2,000、消耗品費　¥3,000、雑費　¥1,000

(借)		(貸)	
通信費	2,000	当座預金	8,000
交通費	2,000		
消耗品費	3,000		
雑費	1,000		

このように処理するかどうかは、問題の指示によります。指定された勘定科目の中に「小口現金」がない場合、上の仕訳のように処理すると考えてください。

確認問題

問題 3-3　次の取引を仕訳しなさい。勘定科目は次の中から選んで、記号で答えること。

イ	現　　　金	ロ	当座預金	ハ	定期預金
ニ	仕　　　入	ホ	当座借越	ヘ	受取利息

（1）

11月　1日　東京商事株式会社は、関東興業銀行と当座取引契約を結び、現金￥100,000を預け入れた。

11月10日　東京商事株式会社は、北海道商店から商品100個（単価￥1,500）を仕入れ、代金は小切手を振出して支払った。

3月31日　決算において当座預金の残高が￥50,000（貸方）となっているが、これは全額が当座借越によるものである。そこで、適切な勘定に振り替えた。

答案用紙 3-3

（1）

	借方科目	金　額	貸方科目	金　額
11月　1日				
11月10日				
3月31日				

（2）

11月30日　経理係は、用度係から11月の支払報告を受けたため、直ちに小切手を振り出して資金の補給を行った。

11月10日：事務用のボールペンとコピー用紙　¥3,000

11月12日：接客用の日本茶　¥1,000

11月20日：切手代および電話代　¥2,000

11月28日：定期券代　¥2,000

イ	現金	ロ	当座預金	ハ	消耗品費
ニ	雑費	ホ	通信費	ヘ	旅費交通費

答案用紙 3-3

（2）

	借方科目	金額	貸方科目	金額
11月30日				

問題 3-4 次の取引を仕訳しなさい。勘定科目は次の中から選んで、記号で答えること。

イ	現　　金	ロ	当 座 預 金	ハ	定 期 預 金
二	支 払 利 息	ホ	受 取 利 息		

11月10日　東京商事は、白水銀行に定期預金口座を作り、現金￥10,000を預け入れた。

3月　2日　産業中央銀行に預けていた定期預金￥10,000が本日満期となり、利息￥1,000を含めて新たに更新した。利息は新預金に含めることとする。

答案用紙 3-4

	借方科目	金　額	貸方科目	金　額
11月10日				
3月 2日				

問題 3-5 次の取引を仕訳しなさい。勘定科目は次の中から選んで、記号で答えること。

イ	現　　金	ロ	普 通 預 金	ハ	通　信　費
二	支 払 家 賃				

11月　2日　東京商事は、白水銀行に普通預金口座を開設し、現金￥30,000を預け入れた。

11月15日　本日、普通預金口座から電話代￥2,000と家賃￥8,000が引き落とされた。

答案用紙 3-5

	借方科目	金　額	貸方科目	金　額
11月 2日				
11月15日				

第4章

商品を買ったとき、売ったとき

4-1 分記法（ぶんきほう）と三分法（さんぶんぽう）

簿記３級が対象としているのは、

★ 小規模の株式会社

★ 商業

という企業の会計です。

商業は、流通業とも呼ばれ、生産者から日々商品を仕入れ、それに利益を付けて売っています。

では、商品の仕入れや販売の度に、どのように帳簿に書くのでしょうか。それには二つの方法があります。

分記法

❶ 商品を仕入れたとき

❷ 商品を販売したとき

❸ 決算を迎えたとき

三分法

❶ 商品を仕入れたとき

❷ 商品を販売したとき

❸ 決算を迎えたとき

ぶんきほう
分記法

商品売買を記録する方法の１つが、分記法です。
原価と利益を分けて書くから、分記法といいます。

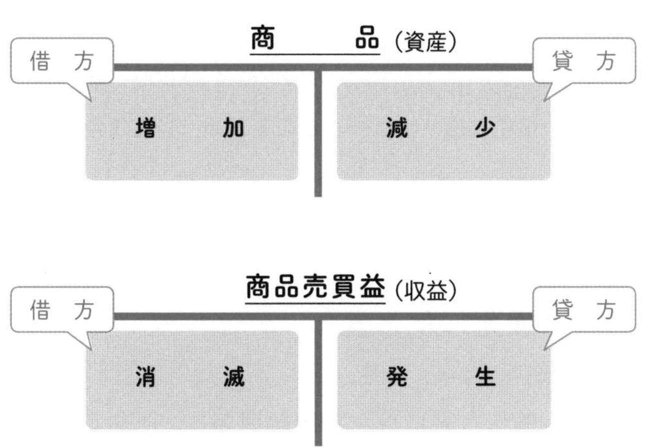

❶ 商品を仕入れたとき

取　引

3月10日　輪仁商事は仕入先縞馬商店から商品100個を@￥100で仕入れ、代金￥10,000は小切手を振り出して支払った。

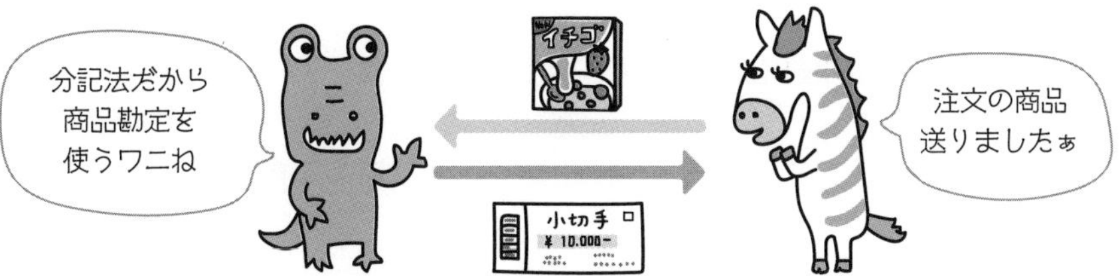

3月10日	(借) 商　　品 資産の増加	10,000	(貸) 当座預金	10,000

① 商品を仕入れたら、商品というモノ（資産）が増加したと考えます。
そこで**商品勘定（資産）**の借方に¥10,000と記入します。

② 「代金は小切手を振り出し…」とあるため、当座預金を減らします。

❷ 商品を販売したとき

取　引

3月20日　輪仁商事は得意先麒麟商店に、商品80個（原価@¥100）を売価@¥150で販売し、代金¥12,000は現金で受け取った。

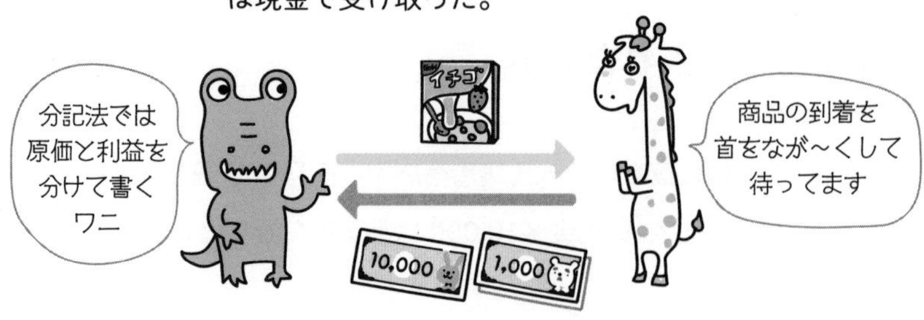

3月20日 (借) 現　　金	12,000	(貸) 商　　品 資産の減少	8,000 原価
		商品売買益 収益の発生	4,000 利益

① 商品を販売したら、商品というモノ（資産）がなくなったと考えます。
そこで商品勘定（資産）の貸方に原価で￥8,000（＝@￥100 × 80 個）と書きます。

② 原価@￥100 の商品を、売価@￥150 で売ったため、1 個あたりの利益は@￥50 になります。また 80 個を売ったため、

商品売買益：(@￥150 － @￥100) × 80 個
＝ ￥4,000

となります。これは収益の発生になるため商品売買益勘定（収益）の貸方に書きます。

● 2 つの取引を転記した後の勘定口座：

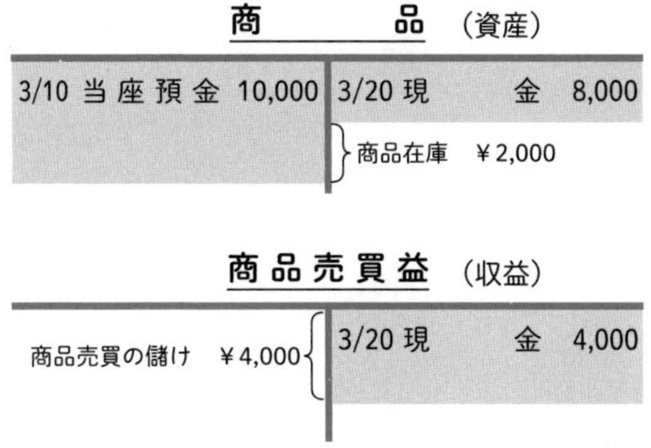

❸ 決算を迎えたとき

取　引

3月 31 日　輪仁商事は決算を迎えた。商品の未販売の在庫は 20 個（原価@￥100）であった。

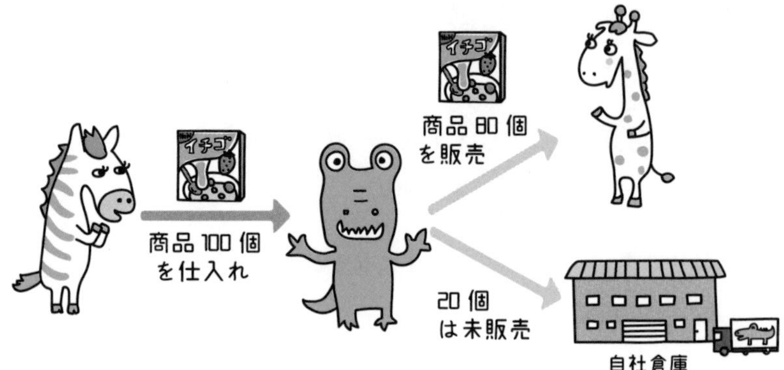

3月31日（借）仕訳なし

決算日に知りたいのは、

★ 商品在庫（しょうひんざいこ）はいくらか？
★ 商品売買による儲けはいくらか？

の 2 つです。

勘定記入の結果からわかるように、

商品在庫：￥10,000 − ￥8,000 = ￥2,000

商品売買益（しょうひんばいばいえき）：￥4,000

となっています。そのため、特に決算時の仕訳は不要です。

三分法（さんぶんぽう）

もう１つの記録法が三分法です。

三分法は、

★商品を仕入れたときは仕入（しいれ）勘定（費用）

★売ったときは売上（うりあげ）勘定（収益）

★期末の在庫商品を繰越商品（くりこししょうひん）勘定（資産）

の３つで処理する方法です。

３つの勘定科目を用いるため、三分法と呼ばれています。

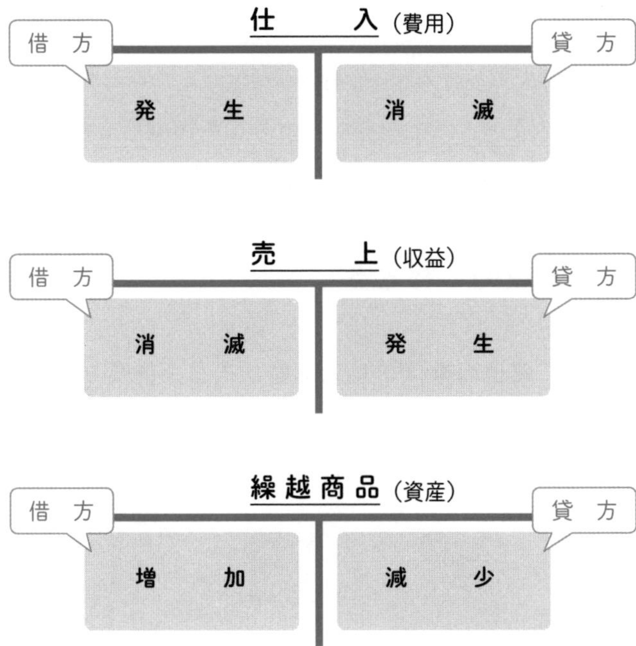

❶ 商品を仕入れたとき

取　引

3月10日　輪仁商事は仕入先縞馬商店から商品100個を＠￥100で仕入れ、代金￥10,000は小切手を振り出して支払った。

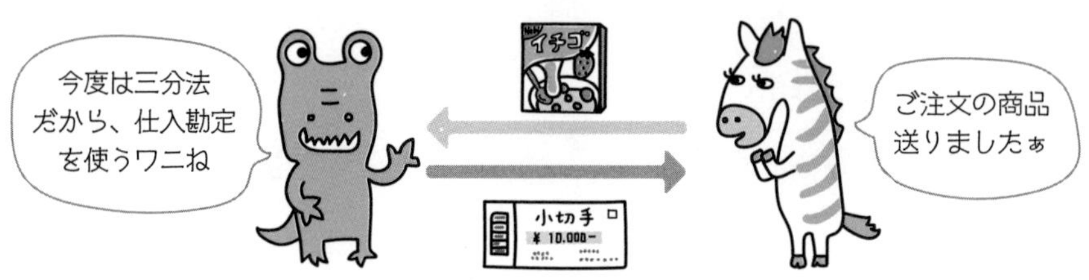

3月10日	(借) 仕　　入	10,000	(貸) 当座預金	10,000
	費用の発生			

商品を仕入れたら、仕入という費用が発生したと考えます。

そこで**仕入勘定（費用）の借方**に￥10,000と記入します。

❷ 商品を販売したとき

取　引

3月20日　輪仁商事は得意先麒麟商店に、商品80個（原価＠￥100）を売価＠￥150で販売し、代金￥12,000は現金で受け取った。

3月20日	(借) 現　金	12,000	(貸) 売　上	12,000	
			収益の発生		

分記法では、商品を売ったら原価と利益を分けて書きます。
でも売った商品の原価を調べるのは面倒なので、売価でそのまま記入しましょう、という方法が三分法です。
そのため、売価¥12,000で売上勘定（収益）の貸方に書きます。

商品アイテムが多いスーパーやコンビニでは、いちいち原価と利益を分けて書くのは大変だから三分法が用いられます

2つの取引を転記すると、下記のとおりです。

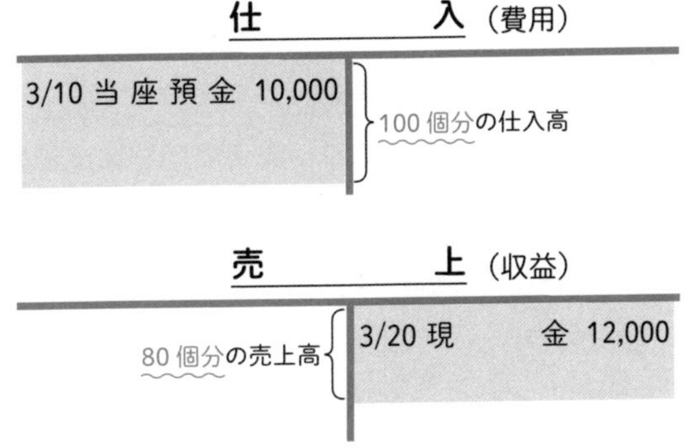

❸ 決算を迎えたとき

取　引

3月31日　輪仁商事は決算を迎えた。商品の未販売の在庫は20個（原価@￥100）であったので、売上原価を計上した。

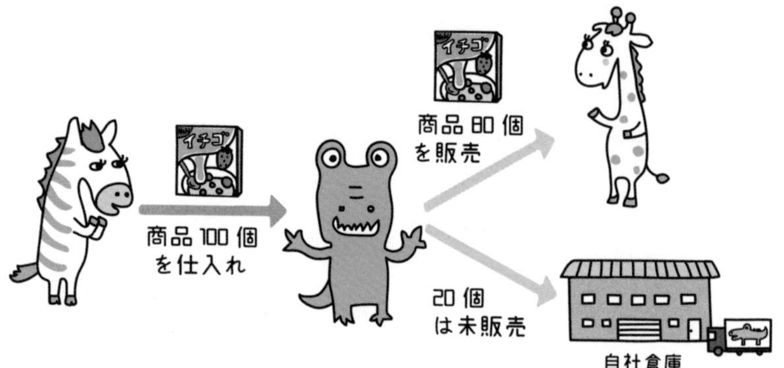

3月31日	(借) 繰越商品 資産の増加	2,000	(貸) 仕　　入 費用の消滅	2,000

売上原価は実際に販売された商品（ここでは80個）の元の仕入れ値のことです。三分法では決算日に売上原価を算定します。

ここで、売上勘定の残高は￥12,000、仕入勘定の残高は￥10,000となるため、商品売買による儲けは、

商品売買益　：　売上￥12,000 − 仕入￥10,000
　　　　　　　　＝ ￥2,000

と計算しました。

果たして、これでよかったのでしょうか。

分記法の商品売買益は￥4,000でした。ということは三分法の計算は少しおかしいことになります。

その理由は、仕入￥10,000は100個分、売上￥12,000は80個分で、要するに、数量的に釣り合いが取れていないからです。

そこで、

① 仕入勘定から￥2,000（20個分）を減らします。

費用を減らすには、仕入勘定の貸方に￥2,000と書きます。

3月31日（借）		（貸）仕　　入 費用の消滅	2,000

これで、仕入勘定の残高は80個分の￥8,000（＝売上原価）になりました。

② 20個分の在庫は資産です。しかし、今までは仕入勘定に含まれていました。

そこで、繰越商品勘定（資産）の借方に￥2,000と記入します。

3月31日（借）繰越商品 資産の増加	2,000	（貸）仕　　入	2,000

この仕訳を転記した結果です。

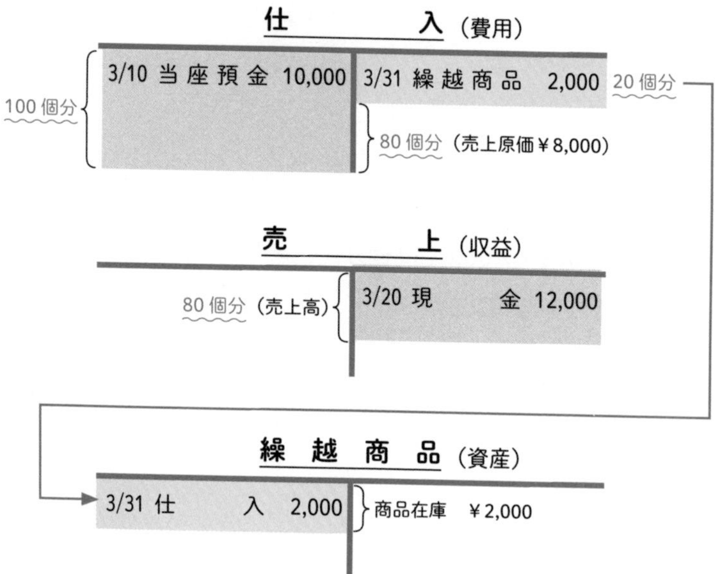

「決算となったとき」の仕訳を行った結果、

商品在庫：￥2,000（繰越商品残高）
商品売買益：￥12,000 − ￥8,000 = ￥4,000

となります。

つまり、三分法では

❶売上原価を求める
❷売上高から売上原価を差し引く

の2つの段階を踏んで商品売買益を求めていくのです。

確認問題

問題 4-1　三分法によって、次の取引を仕訳しなさい。勘定科目は次の中から選び、記号で答えなさい。

イ	現　　　　金	ロ	当 座 預 金	ハ	仕　　　　入
二	売　　　　上	ホ	繰 越 商 品	ヘ	商　　　　品

3月10日　仕入先大阪商店から商品100個、@￥100を仕入れ、代金は小切手を振り出して支払った。

3月20日　得意先九州商店に商品80個（原価 @￥100）を@￥150で販売し、代金は現金で受け取った。

3月31日　決算を迎え、商品の未販売の在庫は20個（原価@￥100）であった。

答案用紙 4-1

	借方科目	金　額	貸方科目	金　額
3月10日				
3月20日				
3月31日				

DAY 1 chapter 1 2
DAY 2 chapter 3 4
DAY 3 chapter 5 6
DAY 4 chapter 7
DAY 5 chapter 8 9
DAY 6 chapter 9
DAY 7 chapter 10

4-2 買掛金（かいかけきん）と売掛金（うりかけきん）

「お代は付けといて」なんていう会話があります。

これ、「後で払う」という意味です。

会社でもこの「付け」で商品を買うことがあります。

付けにすると買う側は「買掛金（かいかけきん）」、売る側は「売掛金（うりかけきん）」が生じます。

では、どのように帳簿に書くのでしょうか。

買掛金（かいかけきん）

❶ 商品を掛け（付け）で仕入れたとき

❷ 期日に買掛金を支払ったとき

売掛金（うりかけきん）

❶ 商品を掛け（付け）で販売したとき

❷ 期日に売掛金を回収したとき

売掛金元帳（うりかけきんもとちょう）

★ 売掛金元帳とは？

★ なぜ、得意先ごとの作成が必要？

★ 売掛金元帳の記入

クレジット売掛金

❶ クレジットで商品を売ったとき

❷ クレジット会社から入金されたとき

買掛金（かいかけきん）

商品を仕入れたけれど、その場で代金は支払わず、後で支払う。

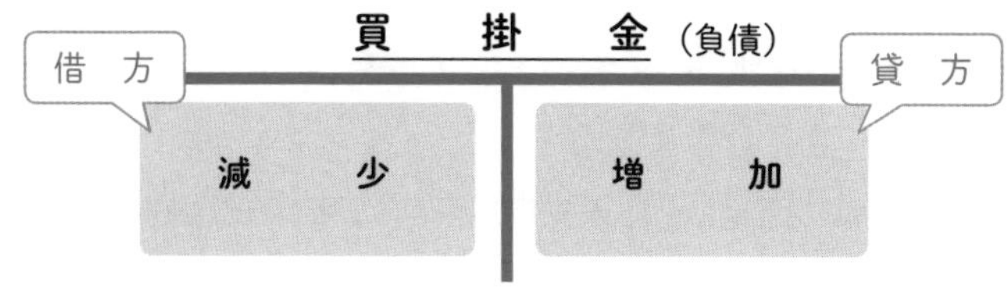

これを「掛(か)けにする」といいます。

掛けにしたら、買掛金(かいかけきん)勘定（負債）で処理します。

❶ 商品を掛(か)けで仕入れたとき

取　引

3月10日　輪仁商事は仕入先縞馬商店から商品100個を@￥100で仕入れ、代金￥10,000は掛けとした。

3月10日（借）仕　　入　10,000　（貸）買　掛　金　10,000
負債の増加

「代金は掛けとした」とあるため、買掛金勘定（負債）の貸方に¥10,000と書きます。買掛金勘定は、代金を一時的に借りているため、負債です。

❷ 期日に買掛金を支払ったとき

取　引

4月5日　輪仁商事は、仕入先縞馬商店に対する買掛金¥10,000を小切手を振り出して決済した。

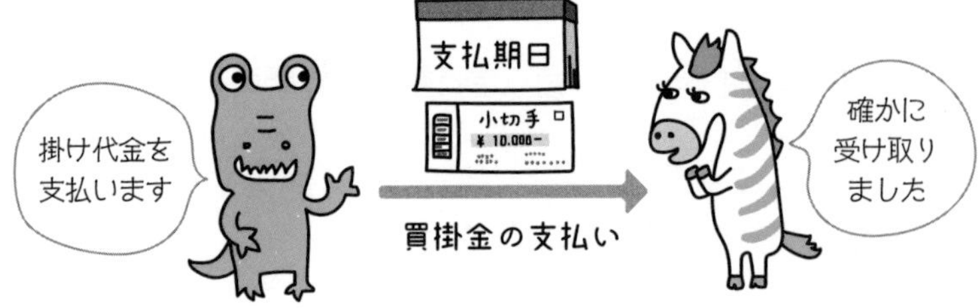

4月5日 (借) 買　掛　金　10,000 (貸) 当 座 預 金　10,000
負債の減少

「決済した」とあるため、買掛金勘定（負債）の借方に¥10,000と書きます。買掛金を減らすのは、借りていた代金を返したからです。

売掛金（うりかけきん）

商品を売ったけれど、代金は後日もらうことにした。

この場合は売掛金勘定（資産）で処理します。

❶ 商品を掛けで販売したとき

取　引

3月20日　輪仁商事は得意先麒麟商店に、商品80個(原価@￥100)を売価@￥150で販売し、代金は掛けとした。

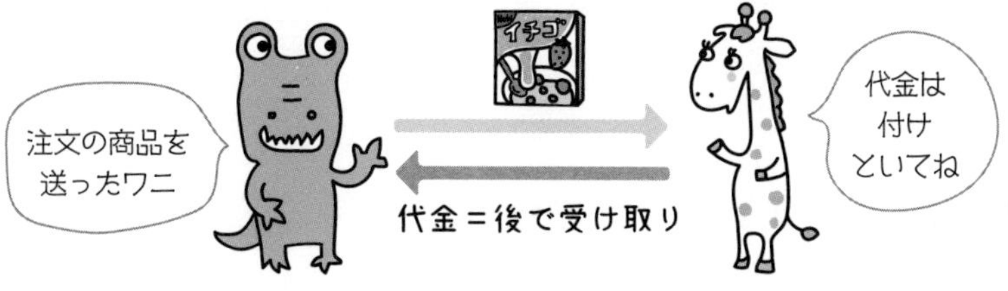

3月20日	(借) 売　掛　金	12,000	(貸) 売　　　上	12,000
	資産の増加			

「代金は掛けとした」とあるため、売掛金勘定（資産）の借方に¥12,000と書きます。売掛金勘定は、代金を一時的に貸しているため、資産です。

❷ 期日に売掛金を回収したとき

取　引

4月10日　本日、売掛金の期日につき、得意先麒麟商店に対する売掛金￥12,000を小切手で回収した。

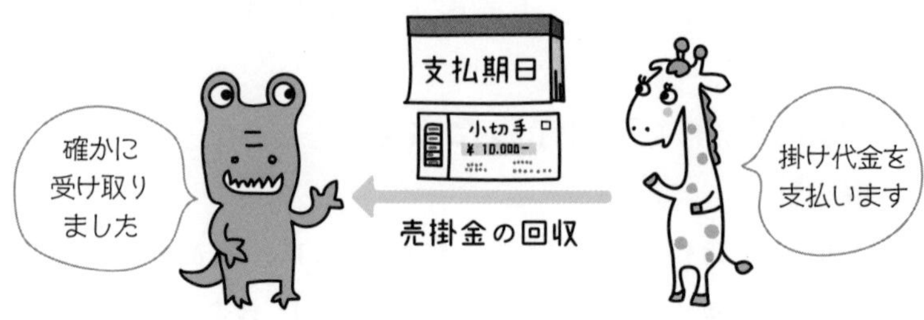

4月10日	(借) 現　　金	12,000	(貸) 売　掛　金		12,000
			資産の減少		

「回収した」とあるため、売掛金勘定（資産）の貸方に¥12,000と書きます。売掛金を減らすのは、貸していた代金を回収したからです。

クレジット売掛金

ネット中心の社会になって、通販やサブスク※などでクレジットカードを使う場面が増えています。

クレジット払いで商品を売ったら、すぐに入金されるワケではなく、入金までの時間がかかります。

そのためこうした取引では、ふつうの売掛金と区別するために、**クレジット売掛金勘定（資産）**で処理します。

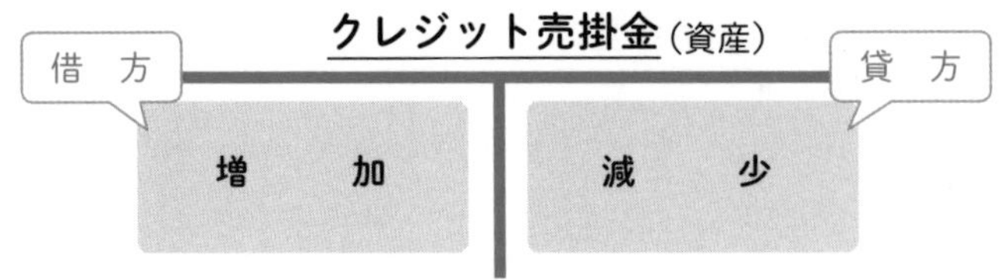

❶ クレジットで商品を売ったとき

取　引

6月30日　輪仁商事は、商品￥12,000をクレジットカードにより販売した。なお、佐伊信販会社へのクレジット手数料は販売代金の2％であり、販売時に計上する。

※ サブスクとはサブスクリプションの略で一定期間に定額で商品やサービスを受けること。

商　品

カード払い

CREDIT CARD

輪仁商事

顧　客

商品代金を
立替払い

(手数料を引いた金額)

商品代金を
支払い
(口座引落し)

佐伊信販

6月30日	(借)	クレジット売掛金 ①資産の増加	11,760	(貸)	売　　　上	12,000
		支払手数料 ②費用の発生	240			

支払手数料　：¥12,000 × 2% ＝ ¥240

クレジット売掛金　：¥12,000 － ¥240 ＝ ¥11,760

① 現金で取引するのとは違い、入金されるまで時間がかかります。そのためクレジット売掛金勘定（資産）の借方に¥11,760と記入します。

② 販売時にクレジットカード会社に手数料を払うため、支払手数料勘定（費用）の借方に記入します。

❷ クレジット会社から入金があったとき

取　引

8月31日　6月30日のクレジット取引について、佐伊信販会社から2％の手数料を差し引いた手取額が当座預金口座に入金された。

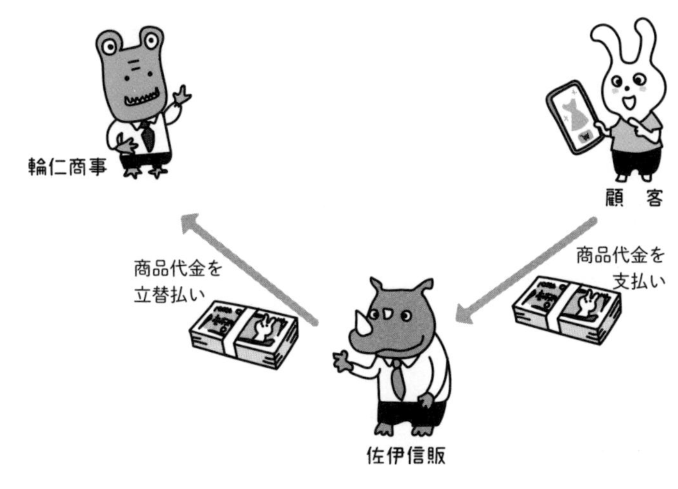

8月31日	(借) 当座預金	11,760	(貸) クレジット売掛金（資産の減少）	11,760

信販会社から代金が支払われました。そこでクレジット売掛金勘定（資産）の貸方に¥11,760と記入します。

参考　手数料を精算時に計上する場合

上の例では、信販会社に支払う手数料は販売時に計上しました。このほかに代金精算時に計上する方法もあります。

❶ クレジットで商品を売ったとき

取　引

6月30日　輪仁商事は、商品￥12,000をクレジットカードにより販売した。なお、佐伊信販会社へのクレジット手数料は販売代金の2％であり、入金時に計上する。

6月30日	(借)	クレジット売掛金 資産の増加	12,000	(貸) 売　上 収益の発生	12,000

「手数料は入金時に計上する」とあります。そのため、クレジット売掛金勘定には￥12,000を計上します。

❷ クレジット会社から入金があったとき

取　引

8月31日　6月30日のクレジット取引について、佐伊信販会社から2％の手数料を差し引いた手取額が当座預金口座に入金された。

8月31日	(借)	当座預金	11,760	(貸) クレジット売掛金 資産の減少	12,000
		支払手数料 費用の発生	240		

「手数料は入金時に計上する」とあります。そのため、支払手数料勘定の借方に￥240と記入します。

確認問題

問題 4-2 次の取引を仕訳しなさい。使用する勘定科目は次の中から選んで、記号で答えること。

イ	現　金	ロ	当座預金	ハ	仕　入
ニ	買掛金	ホ	売掛金	ヘ	売　上

（1）

3月10日　仕入先大阪商店から商品100個、単価@￥100を仕入れ、代金は掛けとした。

3月20日　大阪商店に対する買掛金￥10,000について、小切手を振り出して決済した。

（2）

3月20日　宮城商店に商品80個（原価@￥100）を売価@￥150で販売し、代金は掛けとした。

4月10日　本日、宮城商店に対する売掛金￥12,000を小切手で回収した。

答案用紙 4-2

（1）

	借方科目	金　額	貸方科目	金　額
3月10日				
3月20日				

（2）

	借方科目	金　額	貸方科目	金　額
3月20日				
4月10日				

4-3 送料の処理（そうりょうのしょり）

通販会社と販売者の間でときたま問題となっている送料。

これ、送料をどちらが負担するのかで揉（も）めるのです。

送料の負担は、利益に直結するので、大きな問題ですね。

では、商品を買ったとき、売ったときにこの送料をどうやって処理するのか、考えましょう。

諸費用の処理

仕入諸掛（しいれしょがかり）

❶ 諸費用を自社が負担する場合

❷ 諸費用を相手方が負担する場合

（1）立替金勘定で処理

（2）買掛金勘定で処理

諸費用を自分が負担する場合

諸費用の処理

商品を買ったとき、売ったときには、次のような費用がかかります。

諸費用の例

航空運賃・船賃・トラック運賃・関税・購入手数料・梱包費など

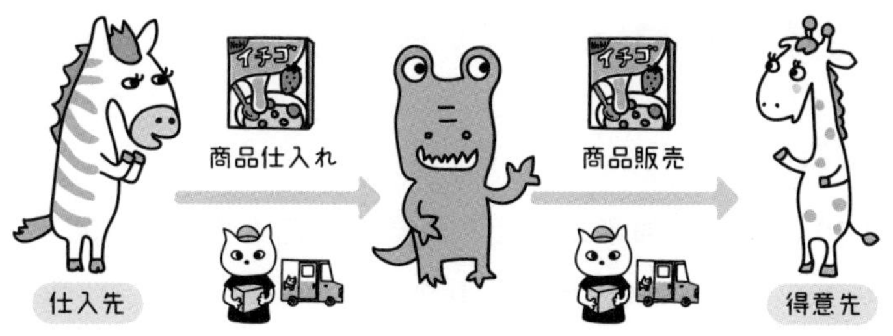

こうした費用をひとまとめにして、「諸掛り（しょがかり）」といいます。

諸掛りの処理

	仕入諸掛	販売諸掛
自分負担	仕入勘定に含める	発送費（はっそうひ）勘定で処理
相手負担	❶立替金（たてかえきん）勘定で処理 ❷買掛金と相殺する	

仕入諸掛（しいれしょがかり）

商品を仕入れる際にかかった運賃等の費用の処理です。
その際の契約条件や、相手先との関係などにより自社が負担する場合と、相手先が負担する場合があります。

❶ 諸費用を自社が負担する場合

送料などを自社が負担する場合、仕入勘定（費用）に含めます。

取　引

3月10日　輪仁商事は、仕入先縞馬商店から商品100個を@￥100で仕入れ、代金￥10,000は掛けとした。なお、自社負担の送料￥1,000は小切手を振り出して支払った。

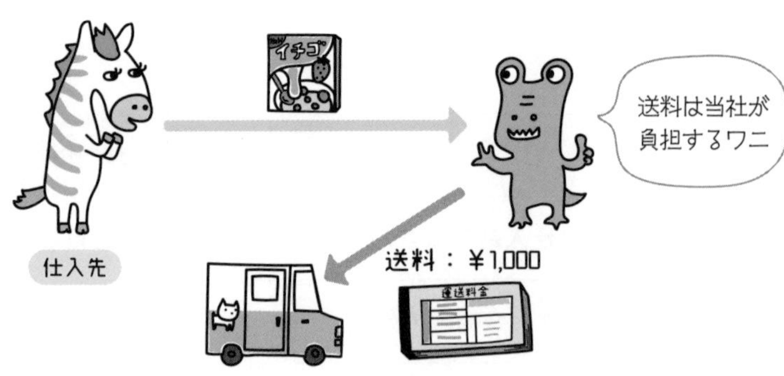

3月10日	(借) 仕　入 費用の発生	11,000	(貸) 買掛金	10,000
			当座預金	1,000

送料￥1,000は仕入に含めます

仕入勘定の借方は、商品代金￥10,000に送料￥1,000を加えて￥11,000とします。

❷ 諸費用を相手方が負担する場合

送料などを相手先が負担しますが、いったん立て替えて支払った場合、2つの処理法があります。

★ 立替金勘定（資産）で処理
★ 買掛金と相殺する

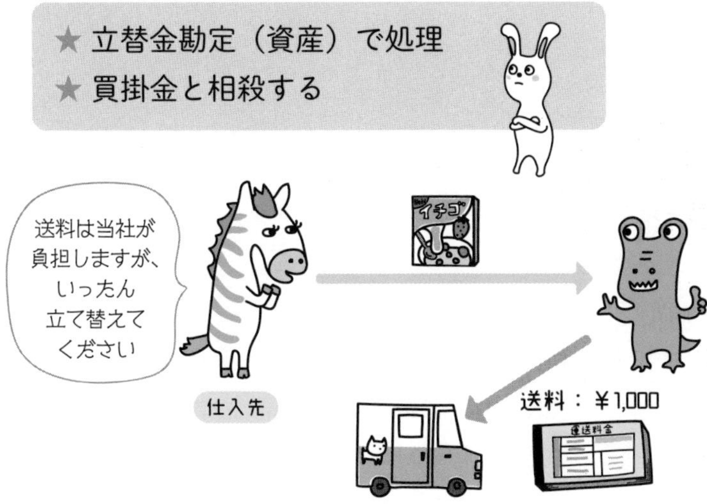

（1）立替金勘定で処理

相手先負担の送料をいったん立て替えて支払った場合、最終的に返してもらえるので、立替金勘定（資産）を用いて処理します。

取　引

3月10日　輪仁商事は、仕入先縞馬商店から商品100個を＠￥100で仕入れ、代金は掛けとした。なお、縞馬商店負担の送料￥1,000は、小切手を振り出して立て替えて支払った。相手先負担の送料は立替金勘定で処理する。

3月10日	(借) 仕　入	10,000	(貸) 買　掛　金	10,000
	立　替　金	1,000	当 座 預 金	1,000

(2) 買掛金勘定で処理

相手先負担の送料をいったん立て替えて支払った場合、立替額と買掛金とを相殺します。

取　引

3月10日　輪仁商事は仕入先縞馬商店から商品100個を@¥100で仕入れ、代金は掛けとした。なお、縞馬商店負担の送料¥1,000は、小切手を振り出して立て替えて支払った。相手先負担の送料は買掛金と相殺する。

3月10日	(借) 仕　入	10,000	(貸) 買　掛　金	9,000
			当 座 預 金	1,000

立替金と買掛金を相殺するのは、売主には、実質¥9,000を払えばよいためです。

販売諸掛（はんばいしょがかり）

商品を販売する際にかかった運賃等の費用の処理です。

送料などを自社が負担する場合、発送費勘定（費用）で処理します。

取　引

3月20日　輪仁商事は得意先麒麟商店に、商品80個（原価@¥100）を売価@¥150で販売し、代金は掛けとした。なお、自社負担の送料¥1,000は現金で支払った。

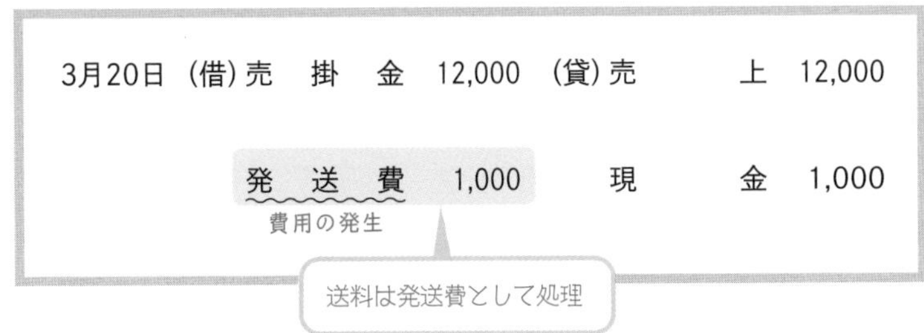

	(借)		(貸)	
3月20日	売掛金	12,000	売上	12,000
	発送費	1,000	現金	1,000

4-4 商品の返品

最近のネット通販は、比較的楽に返品を受け付けてくれるようです。私たちは普段は通販の利用者ですが、ここでは企業の立場で、商品を仕入れた後に商品を返品することになったらどうやって処理するのか、考えましょう。

返品の処理

商品を買った後（または売った後）に、品違い・色違いなどの理由で商品を返す（商品が戻る）ことです。

★ 仕入れた商品を戻すこと（仕入戻し）
★ 販売した商品が戻ること（売上戻り）

仕入戻しの処理

いったん仕入れた商品を返品した場合、仕入取引をキャンセルしたものとして処理します。つまり、返品したら仕入れたときの貸借が逆の仕訳を行います。

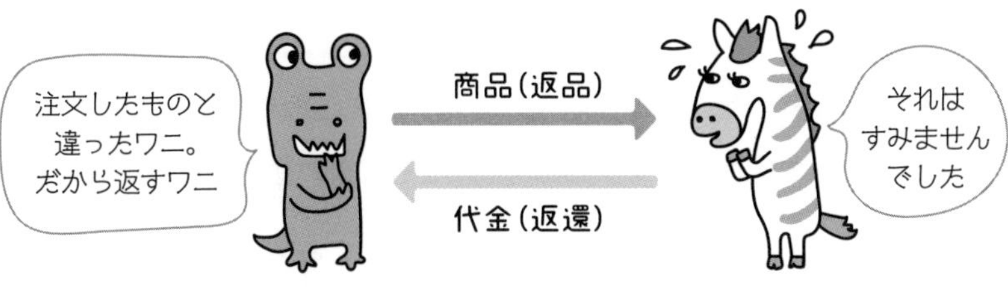

取　引

3月10日　輪仁商事は、仕入先縞馬商店から商品100個を＠¥100で仕入れ、代金¥10,000は掛けとした。

3月12日　先に仕入れた商品のうち、10個に品違いがあったため返品した。

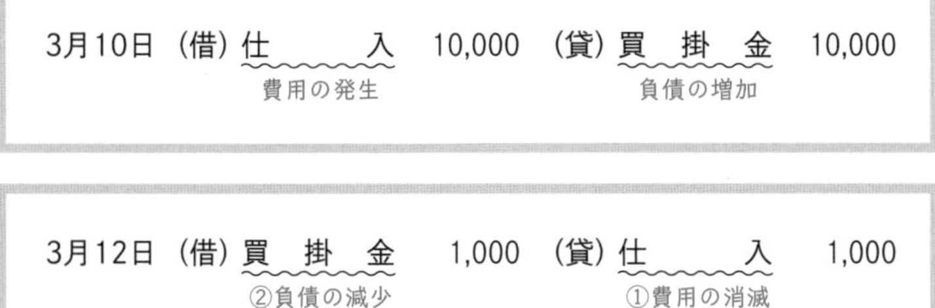

3月10日	（借）	仕　　入 費用の発生	10,000	（貸）	買　掛　金 負債の増加	10,000
3月12日	（借）	買　掛　金 ②負債の減少	1,000	（貸）	仕　　入 ①費用の消滅	1,000

① 返品分だけ、仕入を減らします。

② 返品分だけ、代金を支払う必要がないため、買掛金を減らします。

売上戻り（うりあげもど）の処理

いったん販売した商品を返品された場合、売上取引をキャンセルしたものとして処理します。つまり､売ったときの逆仕訳を行います。

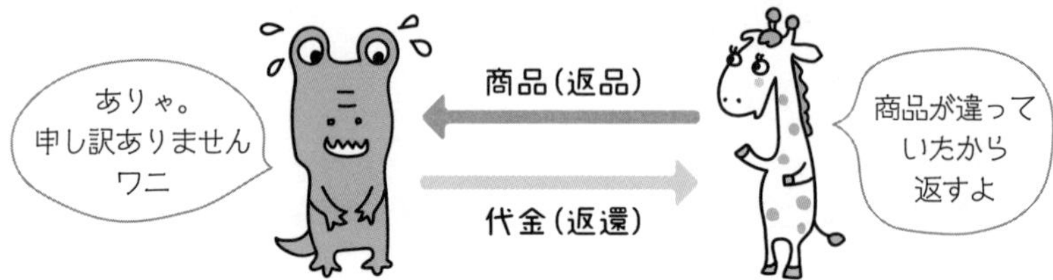

取　引

3月20日　輪仁商事は得意先麒麟商店に、商品80個（原価@￥100）を売価@￥150で販売し、代金￥12,000は掛けとした。

3月24日　先に販売した商品のうち、5個が品違いにより返品された。

3月20日	（借）	売　掛　金 資産の増加	12,000	（貸）	売　　上 収益の発生	12,000

3月24日	（借）	売　　上 ①収益の消滅	750	（貸）	売　掛　金 ②資産の減少	750

① 返品分だけ、売上を減らします。

② 返品分だけ、代金を返すため、売掛金を減らします。

返品の仕訳は売ったときの逆、と覚えます

売掛金元帳（うりかけきんもとちょう）

売掛金って、最終的に得意先（とくいさき）から払ってもらうものです。

では、どの得意先にいくらの売掛金があるのか、わからなかったらどうなるでしょう？　いくらを請求してよいのかがわからず、大変なことになります。

そのために売掛金元帳があります。

売掛金元帳（うりかけきんもとちょう）とは？

得意先ごとの売掛金の残高がわかるようにするための帳簿です。

売　掛　金　元　帳

川　崎　商　事

日付		摘　　要	借　方	貸　方	借/貸	残　高
4	1	前月繰越	5,000		借	5,000
	2	商品販売	8,000		〃	13,000
	15	掛け返品		1,000	〃	12,000
	30	小切手による回収		10,000	〃	2,000
	〃	次月繰越		2,000		
			13,000	13,000		
5	1	前月繰越	2,000		借	2,000

売掛金元帳のタイトル下に「川崎商事」となっています。

このように売掛金元帳は、得意先ごとに作成されます。

なぜ、得意先ごとの作成が必要？

なぜ、売掛金元帳が必要なのでしょうか？　それは得意先ごとに請求すべき金額と支払サイクルが違うからです。このことを、例題を使って考えましょう。

例　題

４月中の掛売上について、下記の売掛金勘定と補助簿※の得意先元帳に記入しなさい。

1. 月初残高

当社には得意先が２社あり、４月１日における売掛金残高は、￥11,000（川崎商事 ￥5,000、千葉商事 ￥6,000）である。これ以外の得意先はないものとする。

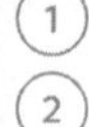

2．４月中には以下の取引が行われた。

2日	川崎商事に商品 ￥8,000 を販売し、代金は全額掛けとした。
8日	千葉商事に対する売掛金 ￥4,000 を同店振出の小切手で回収した。
15日	２日に川崎商事に販売した商品のうち ￥1,000 が返品された。代金は売掛金から差し引く。
20日	千葉商事に商品 ￥12,000 を販売し、代金は全額掛けとした。
30日	売掛金の回収として、次の小切手を受け取った。 川崎商事：￥10,000、千葉商事：￥9,000

※ 補助簿とは「得意先元帳」などのように主要簿の詳しい取引内容をまとめたもの。

まずは売掛金勘定だけに記入したら、どんなことになるのでしょう？

総勘定元帳の売掛金勘定

売　　掛　　金

日付		摘　　要	借　方	貸　方	借/貸	残　高
4	1	前月繰越	11,000		借	11,000
	2	売　　上	8,000		〃	19,000
	8	現　　金		4,000	〃	15,000
	15	売　　上		1,000	〃	14,000
	20	売　　上	12,000		〃	26,000
	30	現　　金		19,000	〃	7,000

２つの取引先の情報が、１つの勘定に集約されているため、
次のようなシンプルな質問に答えられません。

★「誰に対して商品を売ったのか」
★「誰からいくらの売掛金を回収したのか」
★「30 日の残高￥7,000 の内訳は？」

そこで、売掛金勘定に記入するほか、売掛金元帳に相手先ごとの増減を記入します。
売掛金元帳は「得意先別の売掛金勘定」のことだと考えてください。

売掛金元帳の記入

売掛金元帳

川崎商事　←取引のうち◯だけを記入

日付		摘要	借方	貸方	借/貸	残高
4	1	前月繰越	5,000		借	5,000
	2	商品販売	8,000		〃	13,000
	15	掛け返品		1,000	〃	12,000
	30	小切手による回収		10,000	〃	2,000
	〃	次月繰越		2,000		
			13,000	13,000		
5	1	前月繰越	2,000		借	2,000

千葉商事　←取引のうち◯だけを記入

日付		摘要	借方	貸方	借/貸	残高
4	1	前月繰越	6,000		借	6,000
	8	小切手による回収		4,000	〃	2,000
	20	商品販売	12,000		〃	14,000
	30	小切手による回収		9,000	〃	5,000
	〃	次月繰越		5,000		
			18,000	18,000		
5	1	前月繰越	5,000		借	5,000

このようにすることで、相手先別の明細がわかり、売掛金の管理に役に立ちます。

なお買掛金元帳も、考え方は売掛金元帳と同じです。

確認問題

問題 4-3 次の取引を仕訳しなさい。勘定科目は次の中から選んで、記号で答えること。

イ	現　　金	ロ	発　送　費	ハ	仕　　入
ニ	買　掛　金	ホ	売　掛　金	ヘ	売　　上

（1） 3月10日　商品100個、@¥100を仕入れ、代金は掛けとした。

3月15日　10日に仕入れた商品のうち、10個が品違いにつき返品した。

4月28日　商品80個（原価@¥100）を売価@¥150で販売し、代金は掛けとした。

4月30日　28日に販売した商品のうち、5個が品違いにつき返品された。

（2） 3月10日　商品100個、単価@¥100を仕入れ、代金は掛けとした。送料¥1,000は現金で支払った。

6月15日　商品80個（原価@¥100）を売価@¥150で販売し、代金は掛けとした。送料¥1,000は現金で支払った。

答案用紙 4-3

（1）

	借方科目	金　額	貸方科目	金　額
3月10日				
3月15日				
4月28日				
4月30日				

（2）

	借方科目	金　額	貸方科目	金　額
3月10日				
6月15日				

4-5 前払金（まえばらいきん）・前受金（まえうけきん）

ウチキンとかテツケキンという言葉があります。
商品売買の前に代金の一部を渡すことを指しています。

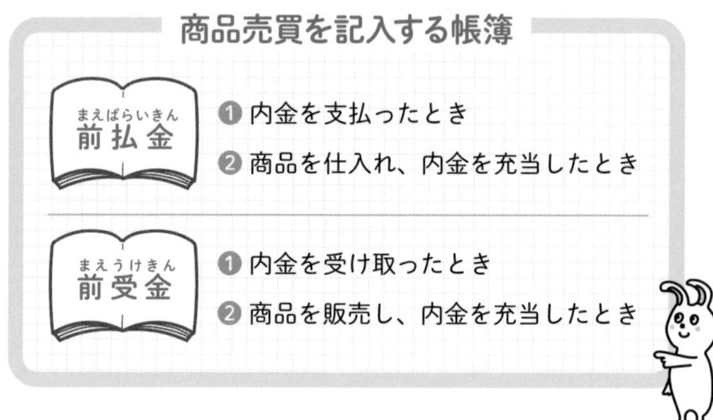

前払金（まえばらいきん）

商品を仕入れる前に、代金の一部を前もって払ったら、前払金勘定（資産）で処理します。

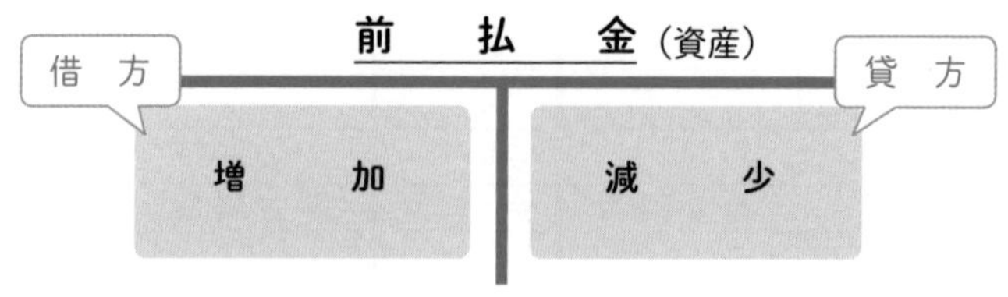

実際に商品を手に入れるまでは仕入にしない、と覚えてください。

❶ 内金（うちきん）を支払ったとき

内金・手付金を支払ったら、前払金勘定（資産）で処理します。内金・手付金の支払いによって、商品を渡してもらえる権利が生じたため、前払金は資産です。

取　引

2月10日　輪仁商事は、仕入先縞馬商店から商品500個を＠￥100で仕入れることにし、内金として￥20,000の小切手を振り出して支払った。

2月10日（借）前　払　金　20,000　（貸）当 座 預 金　20,000
資産の増加

内金を支払ったため、前払金勘定（資産）の借方に￥20,000と書きます。

❷ 商品を仕入れ、内金を充当したとき

商品を実際に受け取った段階で、商品の引き渡しの権利が消滅するため、前払金勘定（資産）の減少として処理します。

取　引

3月10日　輪仁商事は、仕入先縞馬商店から上記商品（500個、@￥100）を仕入れ、前払金￥20,000を差し引いた残額は掛けとした。

3月10日	(借) 仕　　入	50,000	(貸) 前　払　金 資産の減少	20,000
			買　掛　金	30,000

① 商品を仕入れたため、仕入勘定（費用）の借方に¥50,000と書きます。

② 前払金が消滅するため、前払金勘定（資産）の貸方に￥20,000と記入します。

③ 代金の残額￥30,000は、この場合は掛けとしました。そこで買掛金勘定（負債）の貸方に記入します。

前受金（まえうけきん）

商品を販売する前に、代金の一部を前もって受け取ったら、前受金勘定（負債）で処理します。

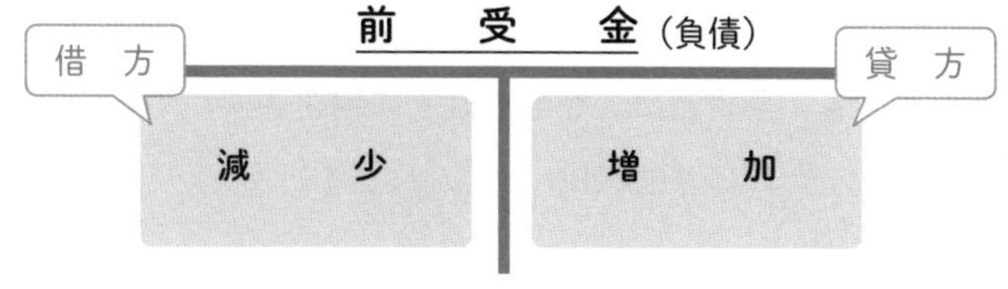

実際に商品を相手に渡すまでは売上にはしない、と覚えてください。

❶ 内金を受け取ったとき

内金・手付金を受け取ったら、前受金勘定（負債）で処理します。内金・手付金を受け取ったことで、商品を相手に渡す義務が生じたため、前受金は負債です。

取　引

2月10日　縞馬商店は輪仁商事に対して、商品500個を@￥100で販売することにし、内金として￥20,000を同店振り出しの小切手で受け取った。

2月10日	(借) 現　　金	20,000	(貸) 前　受　金 負債の増加	20,000

受け取った内金・手付金は、商品を渡す義務を表す前受金勘定（負債）の貸方に￥20,000と記入します。

❷ 商品を販売し、内金を充当したとき

取　引

3月10日　縞馬商店は、輪仁商事に商品（500個、@￥100）を販売し、前受金￥20,000を差し引いた残額は掛けとした。

3月10日	(借) 前受金	20,000	(貸) 売上	50,000
	負債の減少			
	売掛金	30,000		

① 商品を売ったため、売上勘定（収益）の貸方に ¥50,000 と書きます。

② 前受金が消滅するため、前受金勘定（負債）の借方に ¥20,000 と記入します。

③ 代金の残額 ¥30,000 は、この場合は掛けとしました。そこで売掛金勘定（資産）の借方に記入します。

4-6 受取商品券（うけとりしょうひんけん）

商品券

世の中によく知られた商品券には、次のようなモノがあります。

全国百貨店共通商品券

三越商品券

伊勢丹商品券

高島屋商品券

ジェフグルメカード

おこめ券

ビール券　など

ここでは、代金として商品券を受け取って商品を売った場合の処理を考えます。

商品売買を記入する帳簿

受取商品券（うけとりしょうひんけん）

❶ 商品を販売し商品券を受け取ったとき

❷ 商品券の精算を行ったとき

受取商品券

うけとりしょうひんけん

商品を販売し代金を商品券で受け取ったら、受取商品券勘定（資産）で処理します。

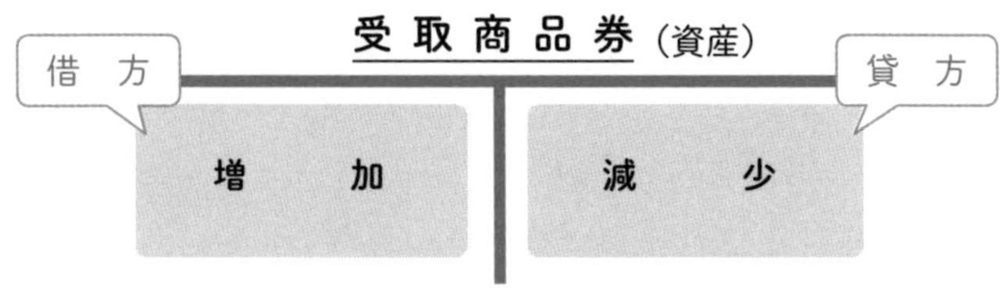

なぜ資産なのかというと、取引銀行を通じて現金化されるからです。つまり受取商品券は、代金請求の権利を表（あらわ）します。

❶ 商品を販売し商品券を受け取ったとき

商品を販売し代金として商品券を受け取ったときは、受取商品券勘定（資産）の借方に記入します。

取　引

8月10日　商品￥8,000を販売し、代金としてA信販会社が発行した商品券￥10,000を受け取り、￥2,000は現金で支払った。

8月10日	(借) 受取商品券 資産の増加	10,000	(貸) 売　　上	8,000
			現　　金	2,000

受取商品券は、A信販会社に対する商品代金の請求権を表します。そこで受取商品券勘定（資産）の借方に¥10,000と記入します。

❷ 商品券の精算を行ったとき

受け取った商品券は、取引銀行に持ち込むと、発行会社に代理で請求し精算してくれます。商品券が精算されたら、受取商品券勘定（資産）の貸方に記入して減らします。

取　引

12月20日　商品券の精算のため、取引銀行を通じて当社が保有している商品券￥10,000を請求し、現金を受け取った。

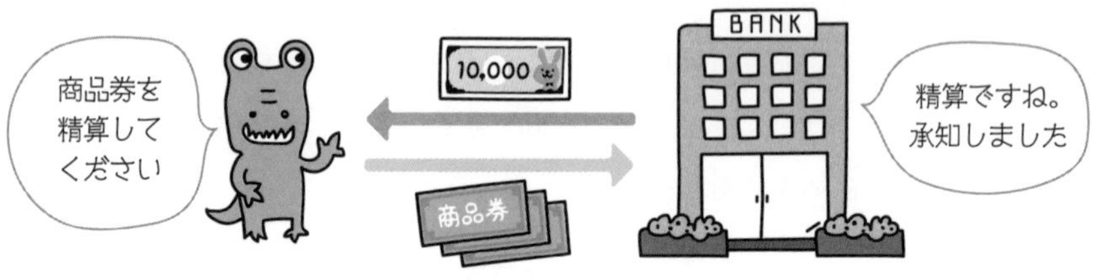

12月20日	(借) 現　　金	10,000	(貸) 受取商品券 資産の減少	10,000

商品券が精算されたら、受取商品券勘定（資産）の貸方に記入して減らします。

第5章

手形取引

section
1 第1節｜約束手形の処理
2 第2節｜電子記録債権・電子記録債務

5-1 約束手形の処理

手形は支払いの手段として用いる証券のことです。

商売をしていると

★ いま仕入れたい商品がある
★ でもお金がない

なんてことがあると思います。

こういうときに手形の登場です。

手形があれば、いまお金がなくても仕入れができるのです。

商品仕入れと代金の支払いあれこれ

■ 支払サイクルはその場で（現金仕入れ）

現金や預金が豊富にあれば、商品代金は、現金や小切手ですぐに支払うことができます。

■ 支払サイクルは意外と短期（掛仕入れ）

掛けで仕入れる場合、翌月、翌々月には代金を支払う必要があります。

■ 支払サイクルが長いのは手形（手形仕入れ）

手形の支払サイト※は自由に設定できるため、代金を支払うまでの期間は数ヵ月後など長期にすることも可能です。

つまり、

★ 今、商品を仕入れたい
★ でも代金は数ヵ月後に支払いたい

という場合には手形を使え、ということなんですね。

※ 支払サイトとは、実際に代金を支払う日までの期間のこと。

約束手形（やくそくてがた）

法律で発行が許されている手形には、約束手形と為替手形の２つがありますが、ここでは約束手形について学習します。

■ 約束手形（やくそくてがた）

約束手形は、振出人（ふりだしにん）が受取人（うけとりにん）に対して、決められた期日に決められた金額を支払うことを約束した証券です。

振出人（ふりだしにん）：手形を発行し、手形代金を支払う義務を負う人です。

受取人（うけとりにん）：手形を受け取り、期日に手形代金を受け取る人です。

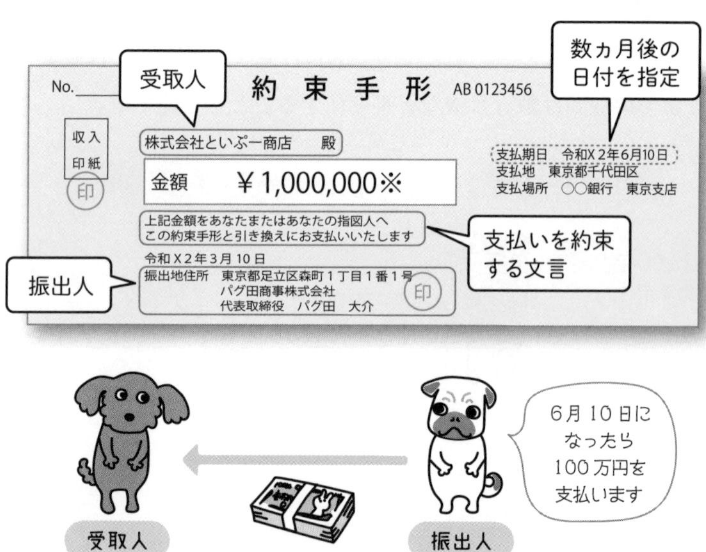

※上の手形では、パグ田商事（振出人）が、といぷー商店（受取人）に対して「6月10日になったら100万円を支払います」と約束しています。

<ruby>約束手形<rt>やくそくてがた</rt></ruby>の処理

■ <ruby>振出人<rt>ふりだしにん</rt></ruby>の処理

約束手形の振出人は、実際に手形代金を支払うまで支払義務を負います。そこで支払手形勘定（負債）で処理します。

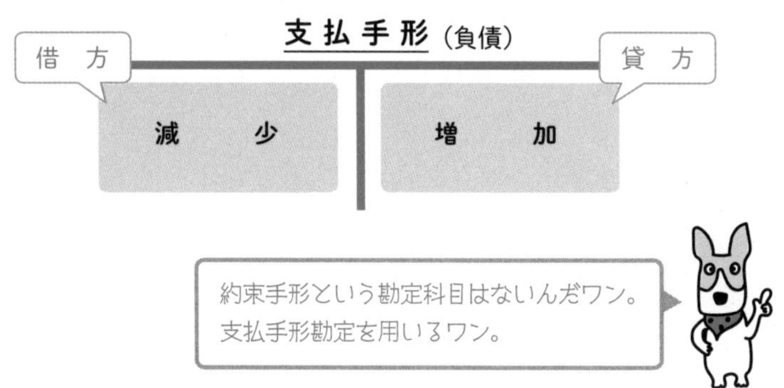

❶ 約束手形を振り出したとき

取引

3月10日　輪仁商事は仕入先縞馬商店から商品100個を@￥100で仕入れ、代金￥10,000は同額の約束手形（期日は6月10日）を振り出して支払った。

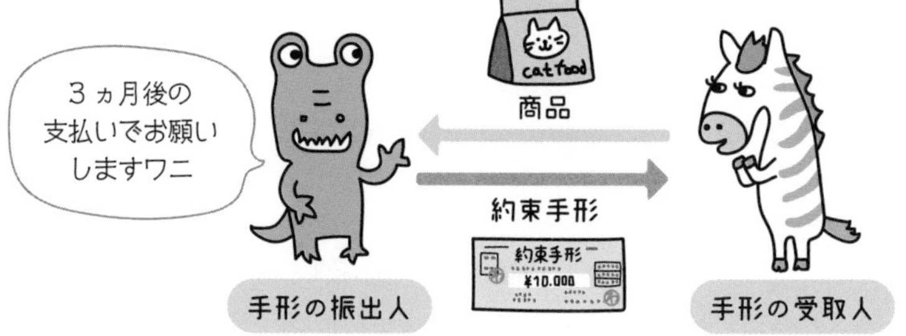

3月10日	(借) 仕　　入	10,000	(貸)	支払手形 負債の増加	10,000

約束手形の振出人である輪仁商事の立場で仕訳します。

約束手形を振り出して代金の支払義務を負いました。そのため、支払手形勘定（負債）の貸方に¥10,000と書きます。

支払手形勘定は、代金を支払う義務を表しています。

❷ 期日に約束手形を支払ったとき

取　引

6月10日　縞馬商店に対する約束手形の支払期日を迎えたため、当座預金口座から決済した。

6月10日	(借) 支払手形 ①負債の減少	10,000	(貸)	当座預金 ②資産の減少	10,000

期日に手形代金を支払った、輪仁商事の立場で仕訳します。

①手形の期日を迎えて「決済した」とあるため、代金を支払う義

務を果たしました。そこで支払手形勘定（負債）の借方に¥10,000と書きます。

② 手形代金は当座預金口座から支払われました。そこで、当座預金勘定（資産）の貸方に¥10,000と記入します。

■ 受取人の処理

約束手形の受取人は、手形代金を受け取る権利がありますから、受取手形勘定（資産）で処理します。

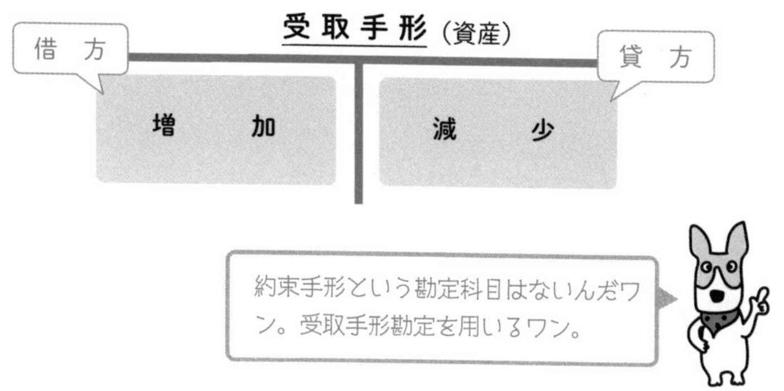

❶ 約束手形を受け取ったとき

取引

3月10日　縞馬商店は得意先輪仁商事に、商品100個を売価@¥100で販売し、代金¥10,000は同店が振り出した約束手形（期日は6月10日）で受け取った。

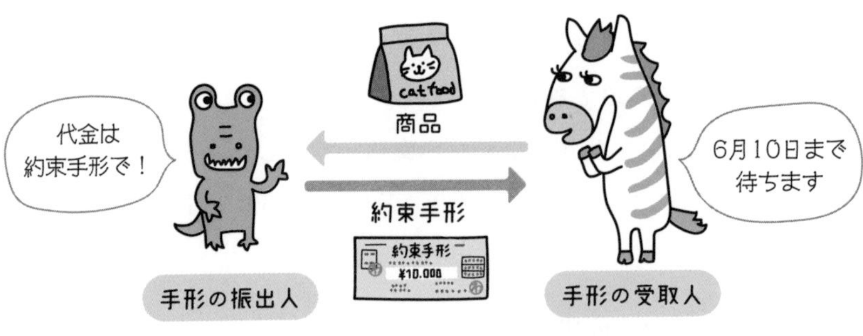

3月10日	(借)	受取手形 資産の増加	10,000	(貸) 売　　上	10,000

約束手形の受取人である縞馬商店の立場で仕訳します。

約束手形を受け取ることで、代金を受け取る権利が生じました。そこで受取手形勘定（資産）の借方に¥10,000と書きます。

❷ 期日に約束手形を取り立てたとき

取り立てる ：手形代金を回収すること

取　引

6月10日　縞馬商店は、かねて輪仁商事から受け取っていた約束手形¥10,000の期日につき、本日、当座預金口座に入金されたとの連絡を受け取った。

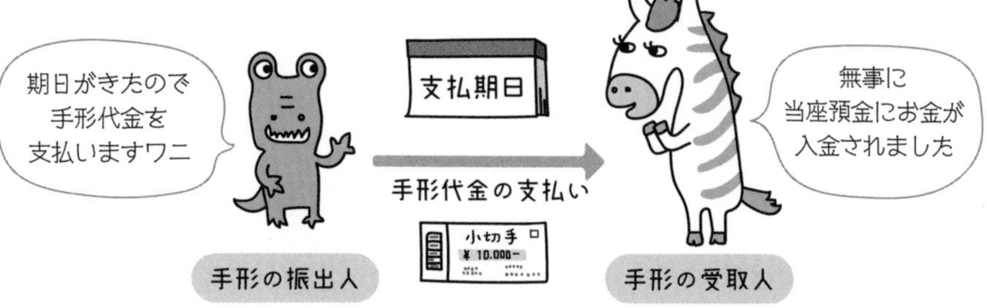

6月10日	(借)	当座預金 ①資産の増加	10,000	(貸) 受取手形 ②資産の減少	10,000

期日に約束手形代金を受け取った、縞馬商店の立場で仕訳します。

①手形代金は当座預金に入金されたため、**当座預金勘定（資産）の借方**に記入します。

② 手形代金を回収したため、**受取手形勘定（資産）の貸方**に ¥10,000 と書きます。

なお、手形は売掛金の回収・買掛金の決済を行う目的でも使用されます。

5-2 電子記録債権・電子記録債務

でんしきろくさいけん　でんしきろくさいむ

「でんしきろくさいけん」

これは手形や売掛金を電子化したものです。

なぜ手形や売掛金を電子化するのでしょう？

それは、電子化することで、公的に認証され、第三者からも客観的に債権・債務があることがわかるからです。

またペーパーレス化すると、当事者間でのやりとりと紛失の危険がなくなります。また収入印紙も節約できます。

ここでは、電子記録債権の処理を見てみましょう。

電子記録債権とは

電子記録債権は、従来の手形や売掛金を電子化して、ペーパーレス化した債権です。

債権者と債務者の双方が合意して、信頼できる機関※に登録を行う必要があります。

※ 電子債権記録機関といい、一例として、全国銀行協会が設立した「でんさいネット」があります。

電子記録債権の処理

簿記上は、電子記録債権勘定（資産）を使って処理しますが、処理の考え方は受取手形の処理と同じです。

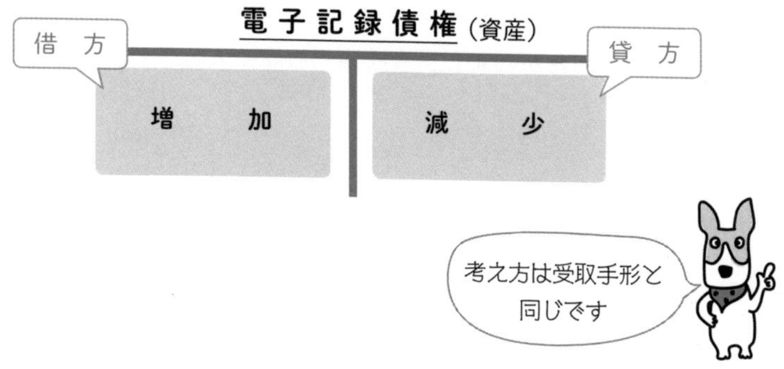

❶ 電子記録債権が発生したとき

電子記録債権の発生 → 手形の受取と同じ

取引

5月1日　輪仁商事は縞馬商店からの申し出により、同店に対する売掛金￥50,000について、双方の合意の下に電子記録機関に登録を行った。

5月1日	（借）電子記録債権 資産の増加	50,000	（貸）売掛金	50,000

❷ 電子記録債権が消滅したとき

電子記録債権の消滅 → 手形の決済と同じ

取　引

8月1日　縞馬商店に対する電子記録債権￥50,000について満期日が到来し、当座預金口座に入金されたとの連絡があった。

8月1日	(借) 当 座 預 金	50,000	(貸) 電子記録債権 資産の減少	50,000

電子記録債務の処理

簿記上は、電子記録債務勘定（負債）を使って処理しますが、処理の考え方は支払手形の処理と同じです。

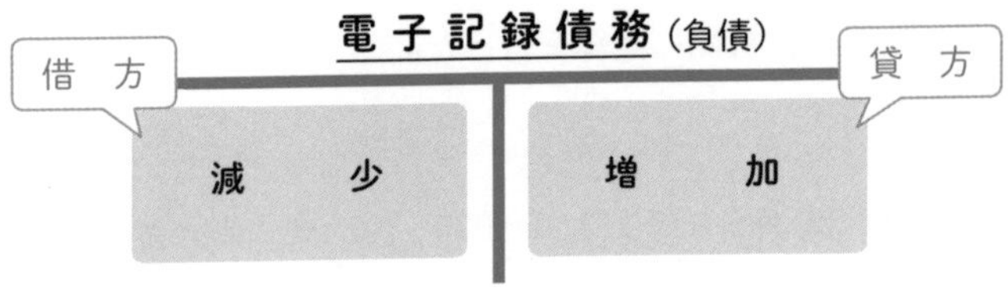

❶ 電子記録債務が発生したとき

電子記録債務の発生 → 手形の振出と同じ

取　引

5月1日　縞馬商店は、輪仁商事に対する買掛金￥50,000について、電子記録機関に発生記録の請求を行った。

5月1日	(借) 買　掛　金	50,000	(貸) 電子記録債務 負債の増加	50,000

❷ 電子記録債務が消滅したとき

電子記録債務の消滅 → 手形の決済と同じ

取　引

8月1日　輪仁商事に対する電子記録債務￥50,000について満期日が到来し、代金が当座預金口座から引き落とされた。

8月1日	(借) 電子記録債務 負債の減少	50,000	(貸) 当　座　預　金	50,000

確認問題

問題 5-1　次の取引を仕訳しなさい。勘定科目は次の中から選んで、記号で答えること。

イ	現　　金	ロ	前　払　金	ハ	仕　　入
ニ	買　掛　金	ホ	当 座 預 金	ヘ	支 払 手 形

2月10日　大阪商店との間で商品500個、単価@￥100を仕入れる契約を結び、内金として￥20,000を小切手を振り出して支払った。

3月10日　大阪商店から商品500個、単価@￥100を仕入れ、前払金￥20,000を差し引いた残額は約束手形を振り出して支払った。

答案用紙 5-1

	借方科目	金　額	貸方科目	金　額
2月10日				
3月10日				

問題 5-2 次の取引を仕訳しなさい。勘定科目は次の中から選んで、記号で答えること。

イ	現　　　金	ロ	当 座 預 金	ハ	前　受　金
ニ	受 取 手 形	ホ	売　　　上		

2月10日　東京商事との間で商品500個、単価@￥100を販売する契約を結び、内金として￥20,000を同店振り出しの小切手で受け取った。

3月10日　東京商事に商品（500個、単価@￥100）を販売し、前受金￥20,000を差し引いた残額は同店が振り出した約束手形で受け取った。

答案用紙 5-2

	借方科目	金　額	貸方科目	金　額
2月10日				
3月10日				

問題 5-3 次の取引を仕訳しなさい。勘定科目は次の中から選んで、記号で答えること。

イ	現　　金	ロ	当座預金	ハ	買掛金
ニ	売掛金	ホ	売　　上	ヘ	仕　　入
ト	受取手形	チ	支払手形		

1．商品 100 個、単価@￥100 を仕入れ、代金は掛けとした。
2．買掛金￥10,000 の決済のため、同額の約束手形を振り出して渡した。
3．上記約束手形の決済期日となり、当座預金口座を通じて決済された。
4．商品 100 個を売価@￥100 で販売し、代金は掛けとした。
5．売掛金￥10,000 を回収し、同店が振り出した約束手形を受け取った。
6．上記約束手形￥10,000 の期日につき、本日、当座預金口座に入金されたとの連絡を受け取った。

答案用紙 5-3

	借方科目	金　額	貸方科目	金　額
1.				
2.				
3.				
4.				
5.				
6.				

第6章

いろいろな債権・債務

6-1 貸付金(かしつけきん)と借入金(かりいれきん)

カシツケキンとカリイレキンという言葉があります。

友人・家族などに、お金を貸し借りしたことはありませんか？

簿記ではお金を貸すと貸付金（カシツケキン）、反対に借りると借入金（カリイレキン）になります。

貸付金(かしつけきん)

取引先などにお金を貸したら、貸付金勘定（資産）とします。

また、利息をもらったら受取利息(うけとりりそく)勘定（収益）とします。

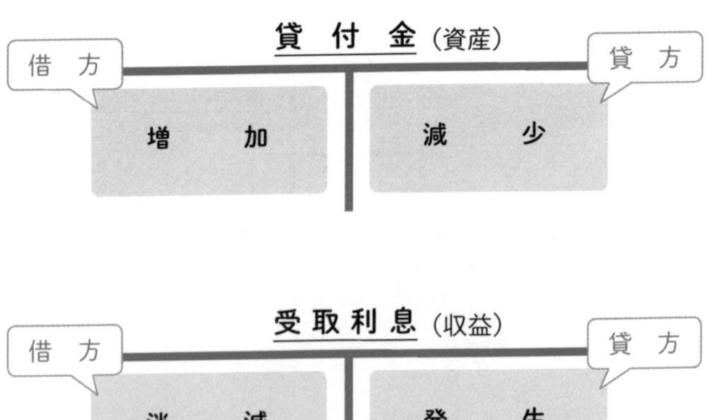

❶ お金を貸したとき

取　引

1月10日　輪仁商事は、獅子丸商店に対して現金で¥10,000の貸し付けを行い、借用証書（しゃくようしょうしょ）を受け取った。

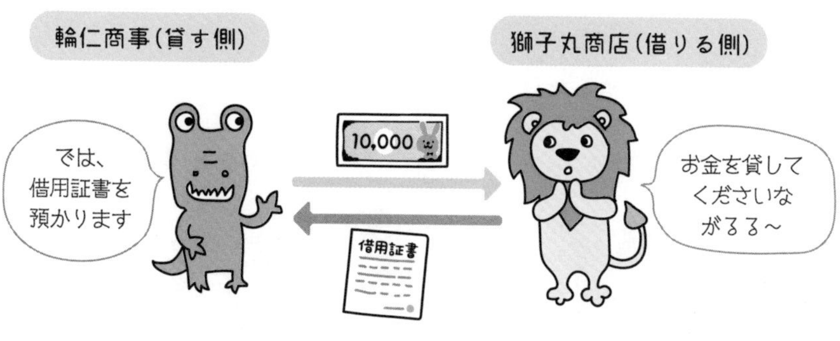

1月10日	（借）貸付金	10,000	（貸）現	金	10,000
	資産の増加				

ここでは貸す側である、輪仁商事の立場で仕訳します。

輪仁商事は、獅子丸商店にお金を貸し付けました。期日が来たら返してもらえるので、債権を表す**貸付金勘定（資産）の借方**に¥10,000と記入します。

❷ 貸したお金を返してもらったとき

貸したお金が返ってきたら、貸付金勘定（資産）の減少として処理します。

取　引

3月10日　獅子丸商店に対する貸付金￥10,000の返済を受け、利息￥1,000とともに同店振り出しの小切手を受け取った。

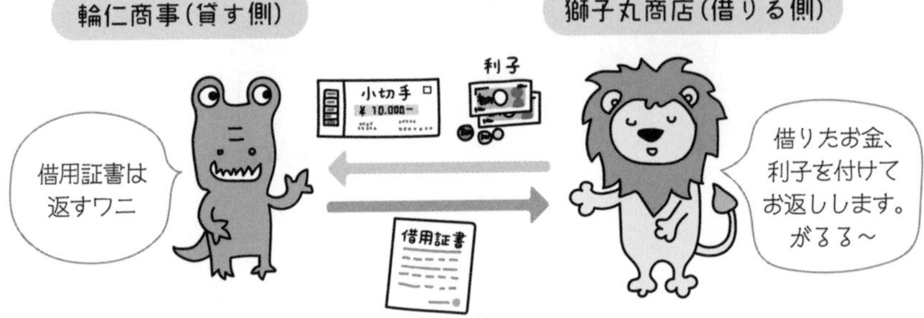

3月10日	（借）現　　金	11,000	（貸）貸　付　金 ①資産の減少	10,000
			受取利息 ②収益の発生	1,000

貸し付けたお金が返ってきた、輪仁商事の立場で仕訳します。

① お金を返してもらったので債権は消滅します。そこで貸付金勘定（資産）の貸方に￥10,000と記入します。

② 利息を受け取ったため、受取利息勘定（収益）の貸方に￥1,000と記入します。

借入金（かりいれきん）

取引先などからお金を借りたら借入金勘定（負債）とします。
また、利息を払ったら支払利息（しはらいりそく）勘定（費用）とします。

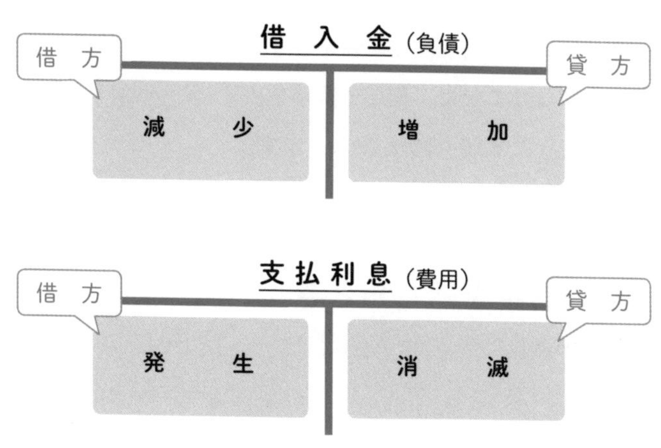

❶ お金を借りたとき

取引

1月10日　獅子丸商店は、輪仁商事から現金で¥10,000の融資を受け、借用証書を手渡した。

1月10日 (借) 現　　　金	10,000	(貸) 借　入　金 負債の増加	10,000

ここでは借りた側である獅子丸商店の立場から仕訳します。

獅子丸商店は、輪仁商事からお金を借り入れました。期日が来たら返さなければなりません。そこで債務を表す、借入金勘定（負債）の貸方に¥10,000と記入します。

❷ 借りたお金を返したとき

借りたお金を返したら、借入金勘定（負債）の減少として処理します。

取　引

3月10日　輪仁商事に対する借入金¥10,000を利息¥1,000とともに小切手を振り出して返済した。

3月10日	(借)借　入　金 ①負債の減少	10,000	(貸)当 座 預 金	11,000
	支 払 利 息 ②費用の発生	1,000		

① 借りていたお金を返しました。ということは債務は消滅します。そこで借入金勘定（負債）の借方に¥10,000と記入します。

② 支払った利息は、支払利息勘定（費用）の借方に¥1,000と記入します。

手形貸付金・手形借入金

融資（ゆうし）というと、ふつう借用証書を交（か）わします。しかし借用証書の代わりに約束手形を交わす場合があります。
この場合、手形貸付金（てがたかしつけきん）勘定と手形借入金（てがたかりいれきん）勘定を用います。なお、受取手形勘定と支払手形勘定は用いません。

★手形貸付金勘定と手形借入金勘定を使う
★受取手形と支払手形は使わない

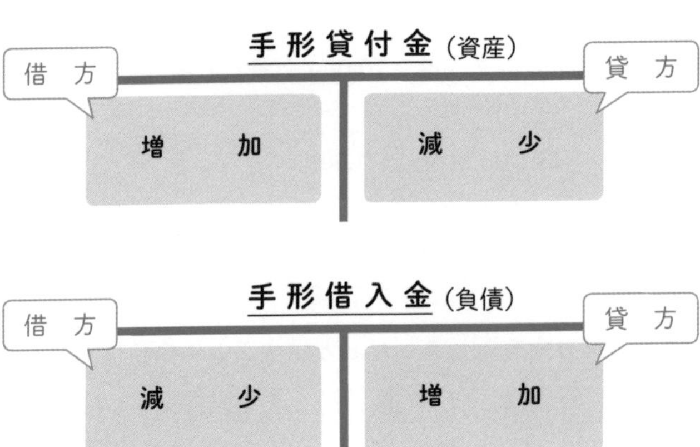

通常の融資（ゆうし）では、借用証書（しゃくようしょうしょ）が交わされます。

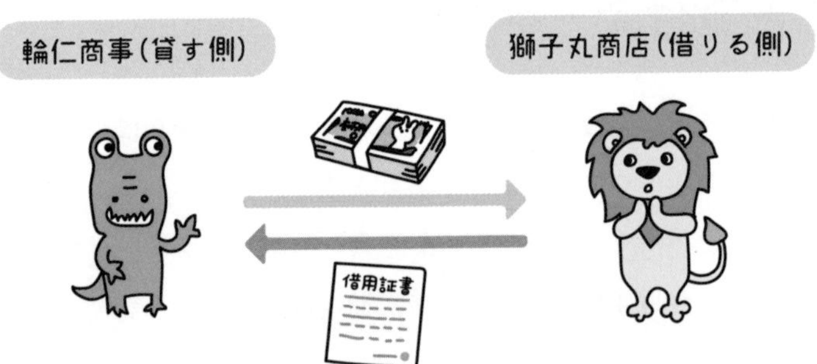

手形を利用した融資では、約束手形が交わされます。

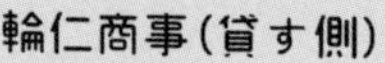

獅子丸商店(借りる側)

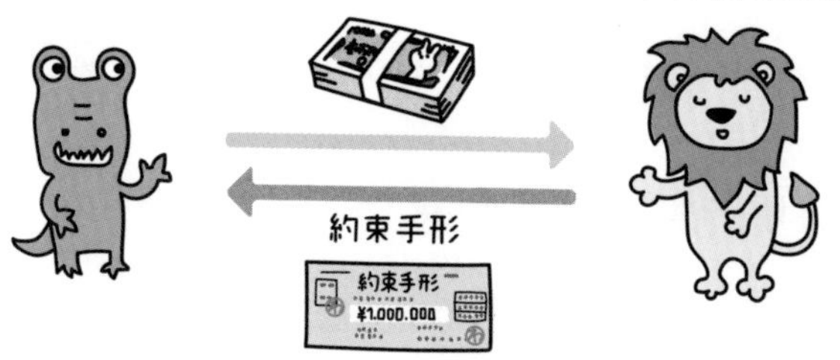

取　引

1月10日　輪仁商事は、獅子丸商店に対して現金で¥10,000の貸し付けを行い、獅子丸商店振出の約束手形を受け取った。

1月10日	(借)	手形貸付金 資産の増加	10,000	(貸)	現　　金	10,000

取　引

1月10日　獅子丸商店は、輪仁商事から現金で¥10,000の融資を受け、約束手形を振り出した。

1月10日	(借)	現　　金	10,000	(貸)	手形借入金 負債の増加	10,000

利息の計算（日割り計算と月割り計算）

利息の計算には、日割り計算と月割り計算があります。

❶ 日割り計算による利息

これは1日分の利息を求め、そこから借入日数に応じた利息を計算するものです。

取　引

イノシシ産業銀行より¥100,000を約束手形を振り出して借り入れ、利息を差し引かれた手取金を当座預金とした。なお、借入日数は90日、利率は年7.3%である（1年は365日とする）。

年間利息：¥100,000 × 7.3% = ¥7,300
1日分の利息：¥7,300 ÷ 365日 = @¥20/日
支払利息：@¥20/日 × 90日 = ¥1,800

(借) 当座預金	98,200	(貸) 手形借入金	100,000
支払利息	1,800		

❷ 月割り計算による利息

これはひと月分の利息を求め、そこから借入月数に応じた利息を計算するものです。

取　引

チワワ中央銀行より￥100,000を約束手形を振り出して借り入れ、利息を差し引かれた手取金を当座預金とした。なお、借入期間は3ヵ月、利率は年4.8%である。

年間利息：￥100,000 × 4.8% = ￥4,800
1ヵ月分の利息：￥4,800 ÷ 12ヵ月=@￥400/月
支払利息：@￥400/月 × 3ヵ月 = ￥1,200

(借)当座預金	98,800	(貸)手形借入金	100,000
支払利息	1,200		

6-2 未収入金と未払金

ミシュウニュウキンとミバライキンについて。

売掛金・買掛金にそっくりです。

モノを売る。代金は後でもらう。

モノを買う。代金は後で支払う。

商品だったら売掛金・買掛金を使い、商品以外のものだったら未収入金（ミシュウニュウキン）と未払金（ミバライキン）を使います。

どんな違いがあるの？　という気持ちになりますね。

❶ 土地などを売って代金を後で受け取ることにしたとき

❷ 未収入金を後日受け取ったとき

❶ 備品などを買って代金を後で支払うことにしたとき

❷ 未払金を後日支払ったとき

未収入金（みしゅうにゅうきん）

商品以外の物品を売り、代金を後で受け取ることにしたら、未収入金勘定（資産）（みしゅうにゅうきん）とします。

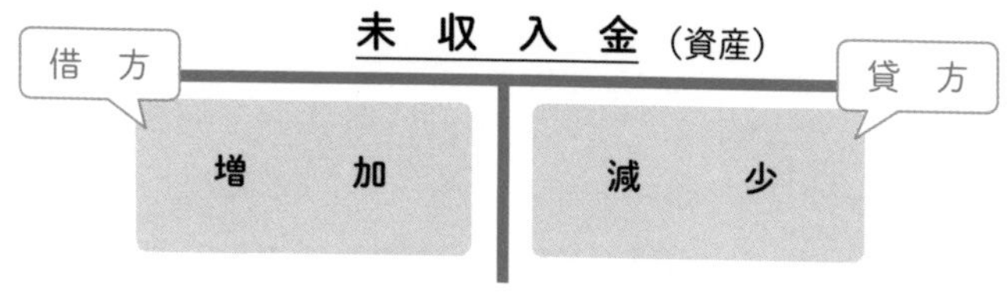

「なぜ、売掛金じゃないの？　」

という声が聞こえてきそうです。

その理由は、商品の売買とその他の物品の売買をきちんと分けたいから。

★ 商品には売掛金
★ 商品以外の物品には未収入金

ちょっと頭に入れておきましょう。

❶ 土地などを売って代金を後で受け取ることにしたとき

取　引

1月10日　ペット用品販売業を営む輪仁商事は、所有している土地（簿価￥100,000）を大阪不動産株式会社に￥150,000で売却し、代金は月末に受け取ることにした。

- 簿（ぼ）価（か）：帳簿価額を省略した呼び方
- 土地：そのまま土地勘定（資産）で処理します
- 土地売却益（とちばいきゃくえき）：簿価より高く売ったため、売却益（ばいきゃくえき）（儲け）が出ます

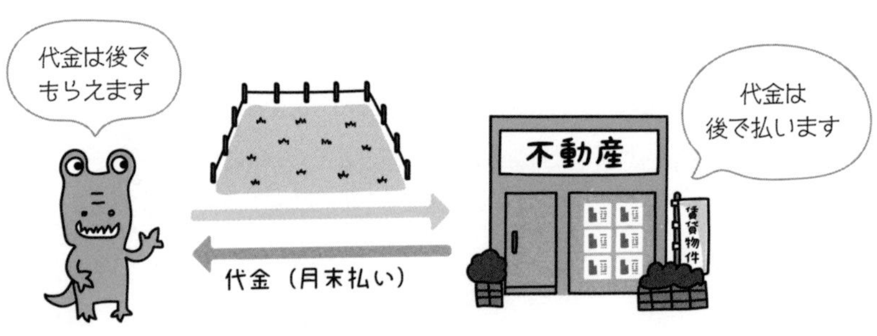

1月10日（借）未収入金 150,000（貸）土地 100,000
①資産の増加　　②資産の減少
土地売却益 50,000
③収益の発生

ここでは、土地を売った輪仁商事の立場で仕訳します。

① 土地を売って、代金を月末にもらうことにしました。期日が来たら代金をもらえるので、債権を表す、未収入金勘定（資産）の借方に¥150,000と記入します。

② 売却した土地が減少します。そこで簿価のまま土地勘定の貸方に¥100,000と記入します。

③ ¥100,000の土地をそれより高い¥150,000で売ったので、差額の¥50,000は土地売却益勘定（収益）で処理します。

❷ 未収入金を後日受け取ったとき

取　引

1月31日　大阪不動産から土地の売却代金¥150,000について、同社振出の小切手で受け取ったが、直ちに当座預金とした。

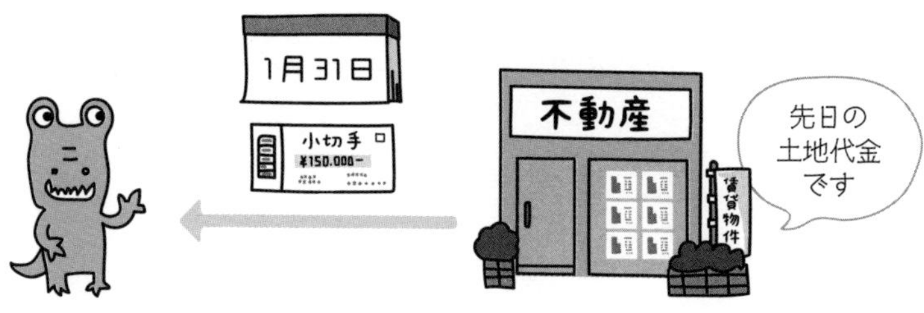

1月31日（借）当 座 預 金　150,000　（貸）未 収 入 金　150,000

資産の減少

月末になり、未収入金を回収しました。そこで未収入金勘定（資産）の貸方に¥150,000と記入します。

未払金（みばらいきん）

商品以外の物品を買い、代金を後で支払うことにしたら、未払金（みばらいきん）勘定（負債）とします。

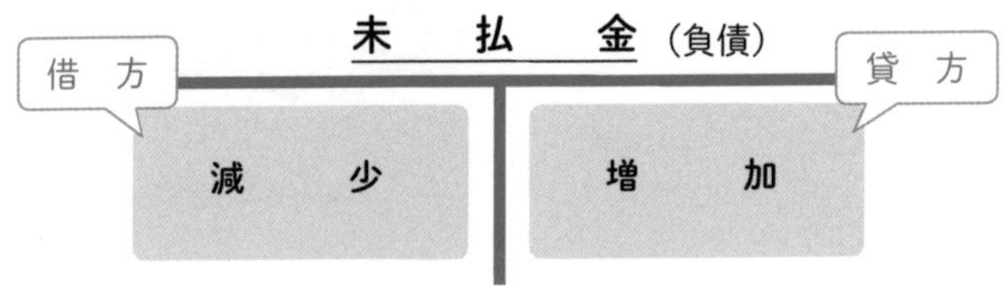

「なぜ、買掛金じゃないの？」

という声が聞こえてきそうです。

その理由は、未収入金のときと同じ。

★ 商品には買掛金

★ 商品以外の物品には未払金

❶ 備品などを買って代金を後で支払うことにしたとき

取　引

9月10日　輪仁商事は、DOLL コンピュータから業務用のパソコン2台を¥80,000 で購入し、代金は月末に支払うこととした。

> 備品：パソコン、机、椅子、FAX、プリンタなどは備品となります

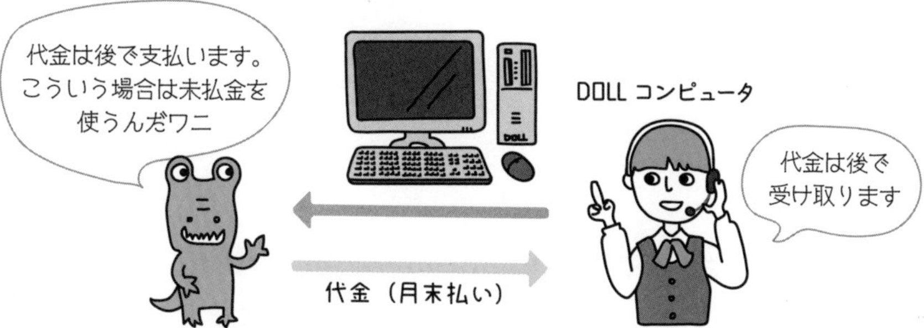

9月10日（借）備　　品　80,000　（貸）未 払 金　80,000
　　　　　　①資産の増加　　　　　　　②負債の増加

① パソコンは**備品勘定（資産）**で処理します。

② 代金は期日が来たら返すことになるため債務を表す、**未払金勘定（負債）の貸方**に¥80,000 と記入します。

❷ 未払金を後日支払ったとき

取　引

9月 30 日　購入していたパソコンの代金￥80,000 を本日、小切手を振り出して支払った。

9月30日	(借)	未　払　金 負債の減少	80,000	(貸) 当 座 預 金	80,000

借りていたお金を返しました。ということは債務は消滅します。そこで未払金勘定（負債）の借方に￥80,000 と記入します。

確認問題

問題 6-1 次の取引を仕訳しなさい。勘定科目は次の中から選んで、記号で解答すること。

イ	当座預金	ロ	未収入金	ハ	固定資産売却損
ニ	未払金	ホ	土地	ヘ	固定資産売却益

1月10日　所有している土地（簿価￥100,000）を不動産会社に￥150,000で売却し、代金は月末に受け取ることにした。

1月31日　土地の売却代金￥150,000について、相手先振出の小切手で受け取り、直ちに当座預金とした。

答案用紙 6-1

	借方科目	金額	貸方科目	金額
1月10日				
1月31日				

問題 6-2 次の取引を仕訳しなさい。勘定科目は次の中から選んで、記号で解答すること。

イ	当座預金	ロ	備品	ハ	未収入金
ニ	未払金				

9月10日　業務用のパソコン2台を￥80,000で購入し、代金は月末に支払うこととした。

9月30日　パソコンの代金￥80,000を本日、小切手を振り出して支払った。

答案用紙 6-2

	借方科目	金額	貸方科目	金額
9月10日				
9月30日				

DAY 1 chapter 1 2
DAY 2 chapter 3 4
DAY 3 chapter 5 6
DAY 4 chapter 7
DAY 5 chapter 8 9
DAY 6 chapter 9
DAY 7 chapter 10

6-3 立替金(たてかえきん)と預り金(あずかりきん)

タテカエキンとアズカリキン。

従業員や取引先のお金を立て替えて払ったり、

逆に預かることがあります。

このようなとき、立替金（タテカエキン）や預り金（アズカリキン）

で処理します。

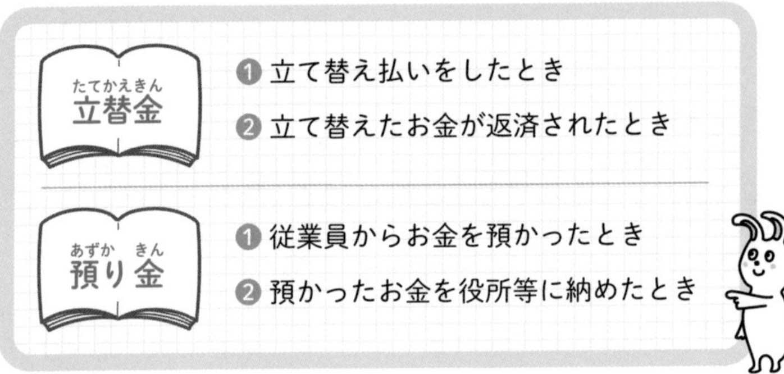

立替金(たてかえきん)

従業員のお金を立て替え払いしたとき、いつか返してもらえるため、立替金(たてかえきん)勘定（資産）または従業員立替金勘定（資産）を使います。

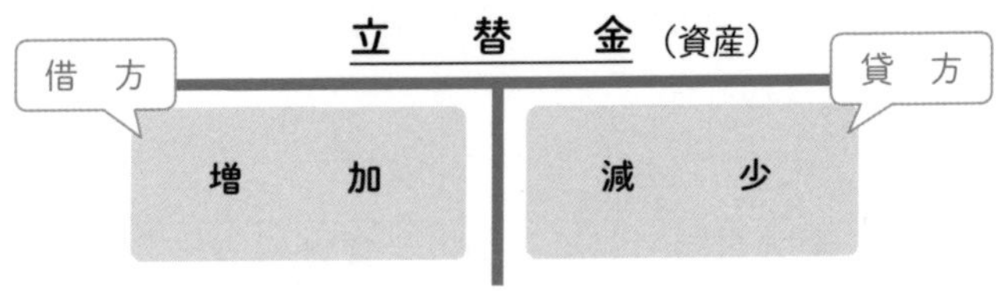

❶ 立て替え払いをしたとき

取　引

7月 10 日　従業員の鰐淵（わにぶち）わにお氏の団体生命保険料￥1,000 を、現金で一時的に立て替え払いした。

7月10日	（借）従業員立替金 資産の増加	1,000	（貸）現　　金	1,000

従業員の支払いを会社が代わって行いました。期日が来たら返ってくるので債権を表す、従業員立替金勘定（資産）の借方に￥1,000 と記入します。

❷ 立て替えたお金が返済されたとき

取 引

7月31日　前述した従業員から立て替えた保険料￥1,000を現金で回収した。

7月31日	(借) 現　　金	1,000	(貸) 従業員立替金 資産の減少	1,000

立て替えたお金が従業員から戻ってきました。そこで従業員立替金勘定（資産）の貸方に￥1,000と記入します。

預り金（あずかりきん）

会社は、従業員の所得税や社会保険料の本人負担額をいったん預かり、その後、税務署などに本人に代わって納付します。

このように、従業員からお金を預かったときは、預り金勘定（負債）または従業員預り金（じゅうぎょういんあずかりきん）勘定（負債）とします。

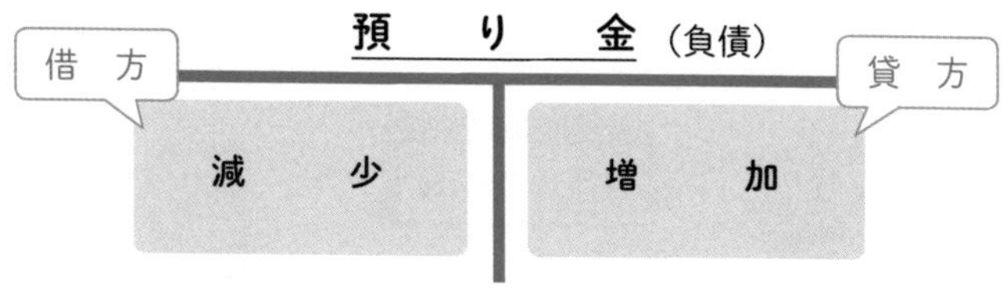

❶ 従業員からお金を預かったとき

会社は従業員に給料を支払う際、従業員から①社会保険料（従業員負担分）、②源泉徴収した所得税、③住民税（特別徴収分）を預かります。

- 所得税預り金：源泉所得税を預かったとき
- 社会保険料預り金：社会保険料の従業員負担分を預かったとき
- 住民税預り金：住民税（特別徴収分）を預かったとき

取　引

9月25日　本日、従業員に給料総額￥100,000を支給し、所得税の源泉徴収分￥10,000、社会保険料（従業員負担分）￥8,000、住民税￥2,000を控除した残額を現金で支払った。

9月25日	(借) 給　　料 ①費用の発生	100,000	(貸) 所得税預り金 ②負債の増加	10,000
			社会保険料預り金 ②負債の増加	8,000
			住民税預り金 ②負債の増加	2,000
			現　　金 ③資産の減少	80,000

① 給料は支払った総額で給料(きゅうりょう)勘定（費用）の借方に¥100,000と記入します。

② 源泉所得税の預り分¥10,000は、所得税預り金(しょとくぜいあずかりきん)勘定（負債）の貸方に記入します。また、社会保険料（本人負担分）の預り分¥8,000は、社会保険料預り金(しゃかいほけんりょうあずかりきん)勘定（負債）の貸方に記入します。
住民税の預り分¥2,000は住民税預り金(じゅうみんぜいあずかりきん)勘定（負債）の貸方に記入します。

まとめて「従業員預り金」とすることもあります。

給　　料	100,000	従業員預り金	20,000
		現　　金	80,000

③ 給料の総額と預り金の差額￥80,000が正味の支給額です。手取額ともいいます。現金で支払ったので、現金勘定の貸方に記入します。

❷-1 預かった税金を納めたとき

取　引

10月10日　従業員の所得税預り金￥10,000と住民税預り金￥2,000を、本日現金で納付した。

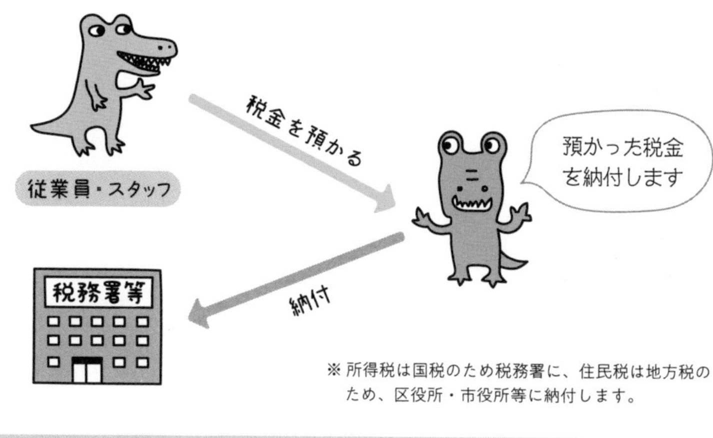

※ 所得税は国税のため税務署に、住民税は地方税のため、区役所・市役所等に納付します。

10月10日	(借) 所得税預り金 負債の減少	10,000	(貸) 現　　金	12,000
	(借) 住民税預り金 負債の減少	2,000		

預かったお金を納付しました。そこで所得税預り金勘定（負債）と住民税預り金勘定（負債）の借方にそれぞれ記入します。

❷ -2 預かった社会保険料を納めたとき

預かった社会保険料を納付したときは、社会保険料預り金勘定（負債）の借方に記入します。

また社会保険料は本人負担額と同額を会社が負担します。この会社負担分は法定福利費勘定（費用）の借方に記入します。

取　引

10 月 31 日　従業員の社会保険料預り金￥8,000 および同額の会社負担分￥8,000 と合わせて、￥16,000 を本日現金で納付した。

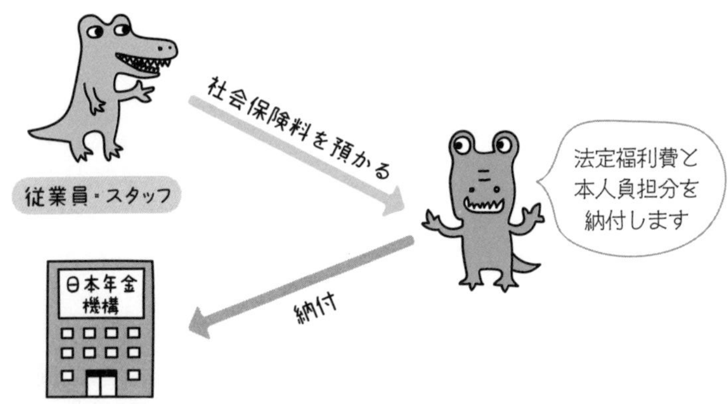

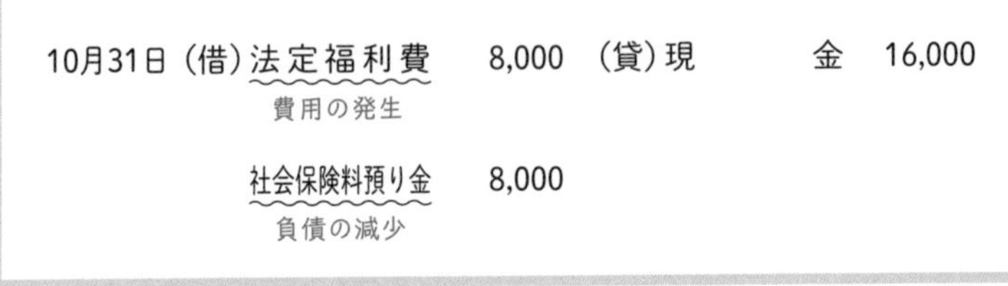

10月31日（借）法定福利費 費用の発生	8,000	（貸）現　　金	16,000
社会保険料預り金 負債の減少	8,000		

確認問題

問題 6-3 次の取引を仕訳しなさい。勘定科目は次の中から選んで、記号で解答すること。

イ	現　　　　金	ロ	法定福利費	ハ	所得税預り金
ニ	社会保険料預り金	ホ	住民税預り金	ヘ	給　　　料

9月25日　本日、従業員に給料総額￥100,000を支給し、所得税源泉徴収分￥10,000、社会保険料（従業員負担分）￥8,000、住民税￥2,000を控除した残額を現金で支払った。

10月10日　従業員の所得税預り金￥10,000、住民税￥2,000を、本日現金で納付した。

10月31日　社会保険料預り金￥8,000および同額の法定福利費を、本日現金で納付した。

答案用紙 6-3

	借方科目	金　額	貸方科目	金　額
9月25日				
10月10日				
10月31日				

6-4 仮払金と仮受金

ここでは、現金を支払った、または受け取った場合で、その内容や金額が不明の場合の処理を考えます。

カリバライキン。

出張に行く従業員に旅費を現金で渡す。こんなときに仮払金を使います。最終的には旅費交通費勘定で処理するのですが、出張前では金額が確定していないからです。

カリウケキン。

出張中の従業員から振込入金がありました。でも内容はわかりません。こういうときに仮受金を使います。

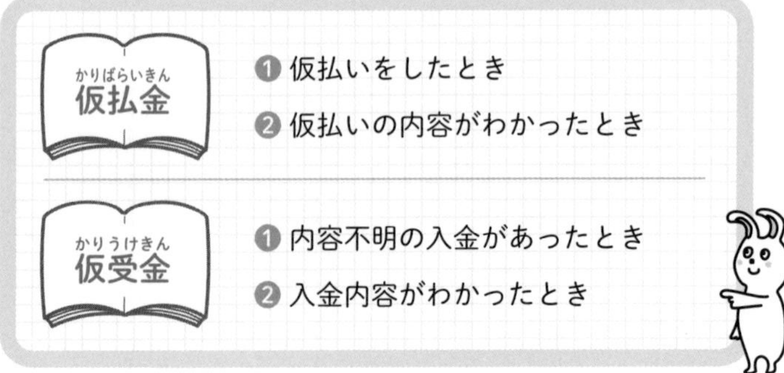

仮払金（かりばらいきん）

現金を支払ったが、処理すべき勘定科目や金額が不明の場合、仮払金勘定（資産）を使います。

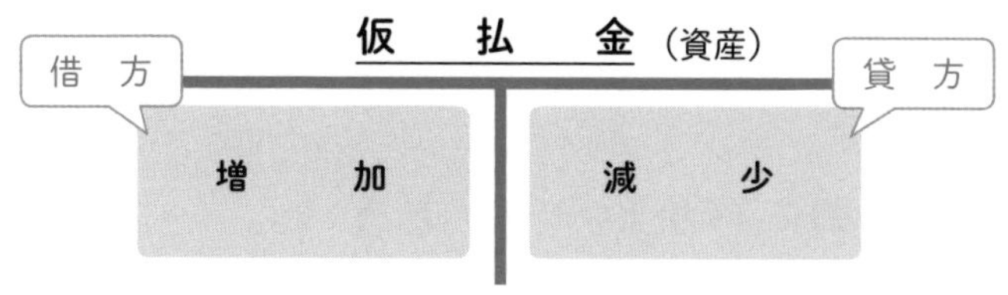

❶ 仮払い（かりばら）をしたとき

仮払いを行ったら、仮払金勘定（資産）の借方に記入します。

取　引

8月10日　従業員が出張するため、旅費として￥50,000を現金で仮払いした。

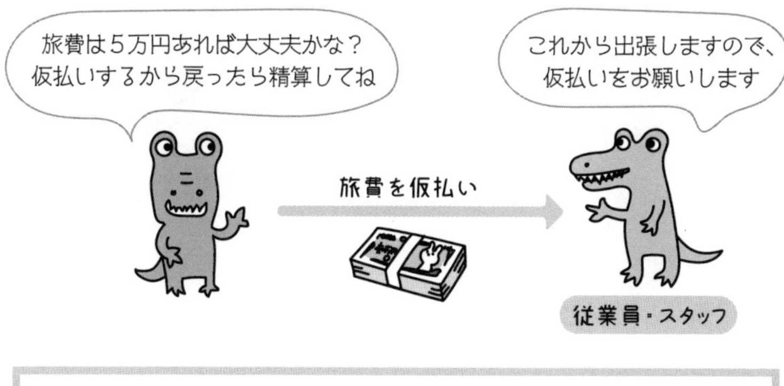

8月10日	(借) 仮　払　金	50,000	(貸) 現	金	50,000
	資産の増加				

いずれ旅費交通費として処理することになるのですが、今はその金額はわかりません。そこで、仮払金勘定（資産）の借方に¥50,000と記入しておきます。

なお、交通系カード（SuicaやPASMO等）にチャージしたときも同様です。

❷ 仮払いの内容がわかったとき

仮払いの内容がわかったら、仮払金勘定（資産）の貸方に記入します。

取　引

8月20日　従業員が出張から帰り、旅費は総額¥48,000であるとの報告を受けた。なお、残額は現金で戻された。

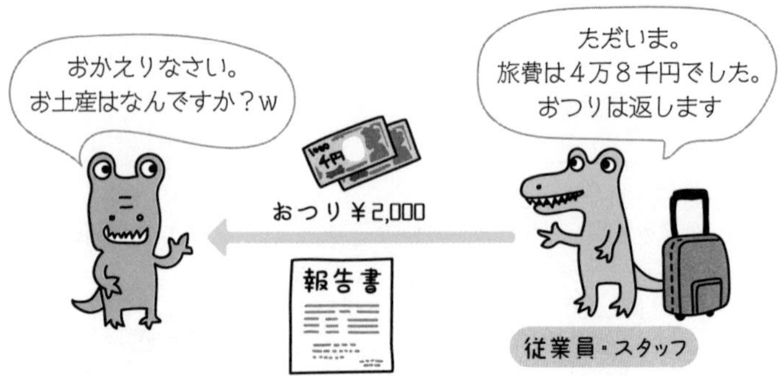

8月20日	(借)旅費交通費 ②費用の発生	48,000	(貸)仮　払　金 ①資産の減少	50,000
	現　　金 ③資産の増加	2,000		

① 仮払いの内容がわかりました。そこで、仮払金勘定の貸方に￥50,000と記入して減らします。
② 従業員の報告によって旅費交通費の金額が確定しました。そこで旅費交通費勘定（費用）の借方に￥48,000と記入します。
③ 差額は現金で戻されたので、現金勘定の借方に￥2,000と記入します。

仮受金（かりうけきん）

現金を受け取ったが、その内容が不明の場合、仮受金（かりうけきん）勘定（負債）を使います。

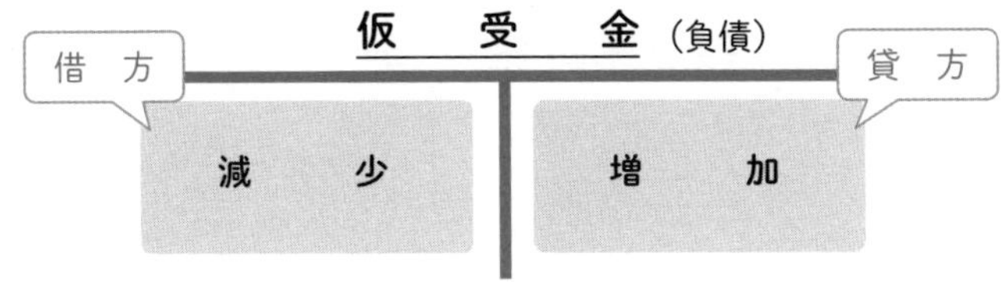

❶ 内容不明の入金があったとき

入金があったがその内容が不明の場合、仮受金勘定（負債）の貸方に記入します。

取　引

8月12日　本日、出張中の従業員から、当座預金口座に内容不明の￥60,000の入金があった。

8月12日（借）当 座 預 金　60,000　（貸）仮　受　金　60,000
負債の増加

内容が不明の入金のため、使うべき勘定科目は不明です。そのため**仮受金勘定（負債）の貸方**に￥60,000と記入します。

❷ 入金内容がわかったとき

内容がわかったら、**仮受金勘定（負債）の借方**に記入します。

取　引

8月15日　上記の内容不明の入金は、商品代金の手付金￥20,000と掛け代金の回収額￥40,000であるとの報告を受けた。

8月15日	(借) 仮受金 ①負債の減少	60,000	(貸) 前受金 ②負債の増加	20,000
			売掛金 ②資産の減少	40,000

① 内容が判明したので、仮受金勘定（負債）の借方に¥60,000と記入して減らします。

② 商品代金の手付金→前受金勘定の貸方、掛け代金の回収額→売掛金勘定の貸方に記入します。

確認問題

問題 6-4　次の取引を仕訳しなさい。勘定科目は次の中から選んで、記号で解答すること。

イ	現　　　　金	ロ	仮　払　金	ハ	仮　受　金
ニ	旅費交通費	ホ	消耗品費	ヘ	当座預金

8月10日　従業員が出張するため、旅費として￥50,000を現金で仮払いした。

8月20日　従業員が出張から帰り、旅費は総額￥48,000であるとの報告を受けた。なお、残額は現金で戻された。

8月25日　旅費交通費として使用するため、現金でICカードに￥10,000をチャージした。

8月31日　上記ICカードを事務用品の購入に￥1,000、旅費交通費として¥3,000を使用したとの報告を受けた。

答案用紙 6-4

	借方科目	金　額	貸方科目	金　額
8月10日				
8月20日				
8月25日				
8月31日				

問題6-5　次の取引を仕訳しなさい。勘定科目は次の中から選んで、記号で解答すること。

イ	当座預金	ロ	仮払金	ハ	仮受金
ニ	売掛金	ホ	前受金	ヘ	現金

8月12日　本日、出張中の従業員から、当座預金口座に内容不明の¥60,000の入金があった。

8月15日　上記の内容不明の入金は、商品代金の手付金¥20,000と掛け代金の回収額¥40,000であるとの報告を受けた。

答案用紙6-5

	借方科目	金額	貸方科目	金額
8月12日				
8月15日				

6-5 証憑(しょうひょう)からの仕訳

証憑（しょうひょう）

証憑とは、納品書・領収書・請求書のように当事者間でやりとりされる証拠書類をいいます。

ここでは、証憑類から仕訳を起こす場合の考え方を見ていきます。いうまでもなく実務では、こうした証憑類から仕訳を起こしています。

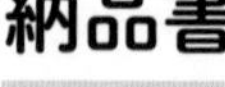

納品書

企業が取引先に対して商品やサービスを提供した証拠として発行する文書を納品書といいます。

記載内容として「いつ・何を・どれだけ・どこへ納品したのか」を記載します。

取　引

輪仁商事株式会社は、縞馬商店から商品を仕入れ、代金は後日支払うこととした。なお、品物とともに、以下の納品書を受け取っている。

納　品　書

輪仁商事株式会社　御中

株式会社縞馬商店

品　　物	数　量	単　価	金　　額
パプリカ	20	300	¥6,000
トマト	10	500	¥5,000
きゅうり	30	200	¥6,000
	合　計		¥17,000

商品を仕入れ、商品とともに納品書を受領した立場の仕訳を行います。

「代金は後日支払う」とあるため、買掛金を用いて処理します。

請求書

取引先との間で発生した報酬等の料金を、期日までに支払ってもらうために発行する文書が請求書です。記載内容として「どのような商品やサービスの報酬か・いくらなのか・期日・支払方法」を記載します。

取　引

河馬商事株式会社は、事務用の物品を購入し、代金は月末に支払うことにした。なお、品物とともに以下の請求書を受け取っている。

請　求　書

河馬商事株式会社　御中

谷町 OA 商会株式会社

品　　物	数　量	単　価	金　　額
プリンタートナー	5	5,000	¥25,000
コピー用紙	20	1,000	¥20,000
デスク用 LED ライト	4	2,000	¥8,000
送　料	−	−	¥2,000
	合　計		¥55,000

X3 年 5 月 31 日までに合計額を下記口座へお振り込みください。
オオワダ銀行駒岡支店　当座　456789123　タニマチオーエーショウカイ（カ

事務用品等を購入し、代金を後払いとしたため請求書を受け取った購入者の立場で仕訳します。

(借) 消耗品費 55,000 (貸) 未払金 55,000
費用の発生　負債の増加

納品書兼請求書

納品書は納品時に発行し、請求書は月末の支払いに向けて発行します。そのため納品書と請求書を分けると、2回に分けて文書を発行することになります。

この手間を省くための文書が納品書兼請求書で、納品書と請求書の両方の内容を1枚にまとめたものです。

取　引

輪仁商事株式会社は、縞馬商店から商品を仕入れ、品物とともに以下の納品書兼請求書を受け取り、代金は掛けとした。

納品書　兼　請求書

輪仁商事株式会社　御中

株式会社縞馬商店

品　　物	数　量	単　価	金　　額
パプリカ	20	200	¥4,000
トマト	30	500	¥15,000
きゅうり	50	200	¥10,000
送　料	送　料		¥1,000
	合　計		¥30,000

X3年7月31日までに合計額を下記口座へお振り込みください。
ハンザワ銀行末吉支店　当座　1234567　カ）シマウマショウテン

商品等を購入し、代金を後払いとしたため請求書を受け取った購入者の立場で仕訳します。

(借)仕　　入	30,000	(貸)買　掛　金	30,000
費用の発生		負債の増加	

領収書

報酬や代金を受け取った人が、支払った人に対して、お金を受け取ったことを証明するために発行する文書が**領収書**です。

取　引

縞馬商事株式会社は、事務用の物品をネットで購入し、代金支払額は仮払金勘定で処理していたが、本日、品物ともに、以下の領収書を受け取ったため、適切な勘定に振り替えることにした。

領　収　書

縞馬商事株式会社　御中

ビッグカメラ株式会社

品　　　物	数　量	単　価	金　　額
事務用デスク	5	8,000	¥40,000
事務用チェア	5	5,000	¥25,000
組立設置料	5	2,000	¥10,000
配　送　料	–	–	¥5,000
	合　計		¥80,000

上記の合計額を領収いたしました。

備品等を購入し、現金等で支払いをした立場で仕訳をします。

代金を支払った際に、次の仕訳が行われています。

(借)仮払金	80,000	(貸)現金	80,000

そこで、仮払金勘定（資産）の貸方に記入するとともに、備品勘定（資産）の借方に記入します。

(借)備品	80,000	(貸)仮払金	80,000

請求書（控）

請求書を受け取るのは、商品やサービスを購入した側です。反対に商品やサービスを提供した側は代金請求した証拠として、請求書（控）に基づいて必要な処理を行います。

取　引

株式会社縞馬商店は、輪仁商事株式会社に対する１ヵ月分の売上代金（月末締め、翌々月末払い）を集計し、次の請求書の原本を発送した。なお、輪仁商事に対する売上は、１ヵ月分をまとめて計上することとしているため、本日、その処理を行う。

請　求　書（控）

輪仁商事株式会社　御中

株式会社縞馬商店

品　　　物	数　量	単　価	金　　額
パプリカ	20	800	¥16,000
トマト	30	1,000	¥30,000
きゅうり	40	200	¥8,000
	合　計		¥54,000

X3 年 11 月 30 日までに合計額を下記口座へお振り込みください。
ハンザワ銀行末吉支店　当座　1234567　カ）シマウマショウテン

（借）売　掛　金	54,000	（貸）売　　　上	54,000
資産の増加		収益の発生	

旅費交通費等報告書

仕事にはつきものの出張。出張に出た従業員から、旅費交通費の明細として受け取る文書が、旅費交通費等報告書です。

取　引

従業員が出張より帰社し、出発時に仮払いしていた￥70,000について、次の報告書と領収書が提出され、残額を現金で受け取った。なお、当社では鉄道料金の領収書の提出を不要としている。

旅費交通費等報告書

大阪 幸治

移動先	手段等	領収書	金　額
仙台	JR東日本	無	20,000
仙台グランドホテル	タクシー	有	1,300
Sホテル	宿泊	有	8,400
気仙沼	電車	無	800
東京	JR東日本	無	20,000
	合　計		￥50,500

領収書

運賃　￥1,300

上記のとおり領収いたしました

みやぎ交通

領収書

宿泊費 シングル１名 ￥8,400

上記のとおり領収いたしました

Sホテル

(借)	旅費交通費 費用の発生	50,500	(貸) 仮 払 金 資産の減少	70,000
	現 金 資産の増加	19,500		

第7章

資金の調達、税金

7-1 株式会社の会計

カブシキガイシャ。

株券を発行して資金を集める会社。だから株式会社と呼ばれます。

では、日本国内に株式会社は何社あるのでしょうか？

2,173,809社（2020年3月31日現在）

実に2百万社以上もあるのですね。とても多いのですが、株式会社は作りやすく、元手を集めやすい、という特徴があります。だから数も多いのでしょう。

株式会社とは

株式会社は、株式を発行することによって投資家から集めた資金で運営される会社のことです。

また株式会社への出資者を株主といいます。

株式会社の特徴

★ 株券を広く売り出すので、大規模に資金を集めることが可能

- ★ 会社が倒産しても、株主は自分の出資額以上に責任をもつ必要はない（間接有限責任）
- ★ 出資しやすいため、わが国でもっとも一般的な会社形態
- ★ 株主が直接経営することは少ない

クラウド・ファンディングとの違い

不特定多数の人が、インターネット経由で資金の提供や協力を行うことを指す、群衆（crowd）と資金調達（funding）を組み合わせた造語。

資金を広く大規模に集めるという点では同じですが、株式会社の場合は会社を作ることが目的の資金調達なのに対して 、クラウド・ファンディングはプロジェクトの実現が目的の資金調達であることが多く、会社の設立とは必ずしも結び付かない点で異なります。

株式会社の機関(きかん)

簿記を学習するうえでは、株式会社の機関が関連してきます。

	説　明
株主総会(かぶぬしそうかい)	出資者で構成される最高意思決定機関
取締役(とりしまりやく)	「株主総会」の普通決議によって選任または解任される会社の経営を任された者
取締役会(とりしまりやくかい)	３人以上の「取締役」からなる株式会社の業務執行に関する意思決定を行う機関
監査役(かんさやく)	「取締役」等の経営者の職務の執行をチェックする機関

株主総会は、スポンサーのグループです。一番エラく、それ故、会社の最高意思決定機関です。

利益が上がったら、配当等の処分を決める決定権をもっています。

また、スポンサーはお金を出すだけで実際の経営にはタッチしません。

取締役は、会社の経営を行う人です。株主総会で選任されます。

取締役会は、取締役が３人以上集まっている機関です。

監査役は、取締役が職務をきちんと行っているのかを監視する機関です。

株式会社の資金調達

株式会社は、株式を発行して資金を集めます。

株式発行には、次の２つのタイミングがあります。

★ 会社が誕生したとき（設立時）
★ 会社の誕生後に資金を集めたいとき（増資時）

ちなみに、増資は資本金を増やすことをいい、増資は取締役会の決議だけでできます。

なお、定款に発行可能株式数を決めておきます。

定款：会社の商号、目的、名称、組織などを定めた会社の根本規則

定款には、商号・目的・本店所在地・発行可能株式数などが記載されています。

取締役会は、発行可能株式数の範囲で株式を発行することができます。

また株式を発行したら、資本金勘定（純資産）を用いて処理します。

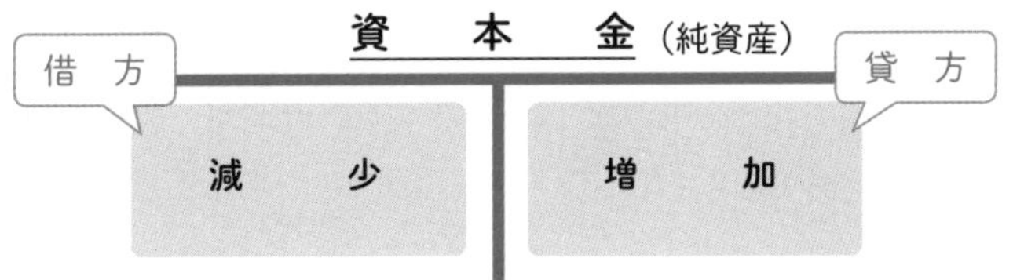

資本金組入額の計算ルール

株主からの払込（はらいこみ）金額のうち、資本金とされる額を「資本金組入額（しほんきんくみいれがく）」といいます。

資本金組入額（しほんきんくみいれがく） ＝ 1株あたりの払込（はらいこみ）金額 × 今回の発行株式数

会社法では、原則として1株あたりの払込金額の全額を資本金にしなさい、と定めています。

しかし、例外もあります。それは1株あたりの払込金額の50％以上を資本金としなさい、というものです（ただし例外規定は簿記3級の範囲外）。

❶ 会社設立に伴い株式を発行したとき

取　引

4月1日　　輪仁商事は、会社の設立にあたり、株式500株を1株あたり払込金額￥15,000で発行し、全株式の払い込みを受け、払込金額は当座預金とした。

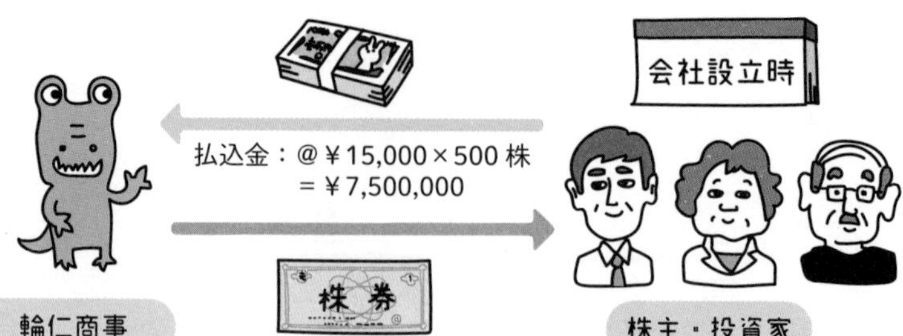

4月1日	(借)	当 座 預 金 ②資産の増加	7,500,000	(貸) 資　本　金 ①純資産の増加	7,500,000

① 株主から¥7,500,000の払い込みを受けました。これは会社の元手になります。
そのため**資本金勘定（純資産）の貸方**に記入します。

② 当座預金に払い込みを受けたので、当座預金勘定の借方に記入します。

❷ 会社の設立後に株式を発行したとき（増資）

取　引

9月10日　輪仁商事は、取締役会の決議により、未発行株式のうち300株を1株あたり払込金額￥30,000で発行し、全株式の払い込みを受け、払込金額は当座預金とした。

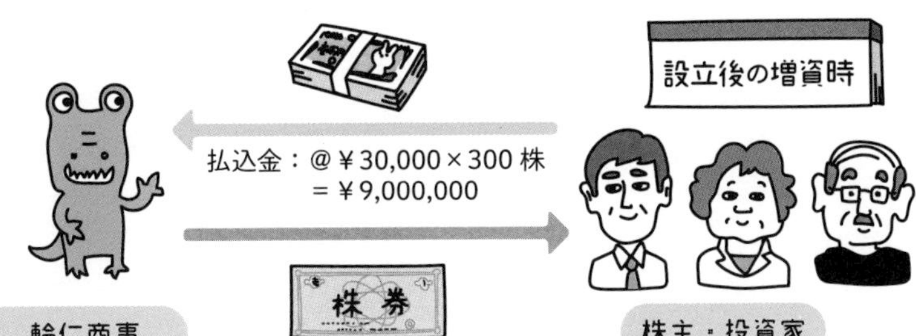

9月10日	(借)	当 座 預 金 ②資産の増加	9,000,000	(貸) 資　本　金 ①純資産の増加	9,000,000

① 株主から ¥9,000,000 の払い込みを受けました。これは会社の元手になります。
そのため資本金勘定（純資産）の貸方に記入します。

② 当座預金に払い込みを受けたので、当座預金勘定の借方に記入します。

設立時でも、増資の場合でも、その処理に大きな違いはありません

確認問題

問題 7-1　次の取引を仕訳しなさい。勘定科目は次の中から選んで、記号で解答すること。

イ	当座預金	ロ	普通預金	ハ	資本金

4月1日　東京商事は、会社の設立にあたり、株式500株を1株あたり払込金額¥15,000で発行し、全株式の払い込みを受け、払込金額は当座預金とした。

9月10日　東京商事は、取締役会の決議により、未発行株式のうち300株を1株あたり払込金額¥30,000で発行し、全株式の払い込みを受け、払込金額は当座預金とした。

答案用紙 7-1

	借方科目	金額	貸方科目	金額
4月　1日				
9月 10日				

7-2 株式会社の税金

タックス・ヘイブン。

「税金天国」とか「租税回避地」という意味です。

しかし、日本では当然のことながら税金がかかる。

ここでは、株式会社にかかる税金にはどのようなものがあるのか見ていきます。

株式会社にかかる税金

株式会社にかかる税金には、どのようなものがあるでしょうか？

税金は、国・地方公共団体が徴収するのですが、彼らは会社からどのような税を得たいと思っているのでしょうか？

税を取りたい動機	具体的な税
1. 会社が上げた利益から税を得たい	法人税、住民税、事業税
2. 会社が資産を取得するときに税を得たい	不動産取得税、登録免許税など
3. 会社が資産を保有していることに対して税を得たい	固定資産税、自動車税など
4. 会社が公的な書類を発行するときに税を得たい	印紙税
5. 消費という行為に対して税を得たい	消費税

この中で、消費税は異色の税です。ここで取り上げた税のうち消費税以外の税は税の負担者と納税義務者が同じですが、消費税は税の負担者と納税義務者が異なるからです。このような税を間接税といいます。

コンビニなどのレジで消費税を払った気になっているけど、ちゃんと納めているのかな？　という疑問をもったことはありませんか？

これは、私たちが税の負担者ですが、納税義務は消費税を預かったコンビニにあるためです。あくまでも会社は、消費者から消費税を預かったり、消費者のために先払いしたりするだけ。

この点は簿記にも大きく影響してきます。

固定資産税、印紙税の処理

- 固定資産税：固定資産の所有者に対して課される税金
- 印紙税：手形・領収証・賃貸契約書等、経済上の取引を行う際の文書にかかる流通税

固定資産税や印紙税を負担したときは、租税公課勘定（費用）で処理します。

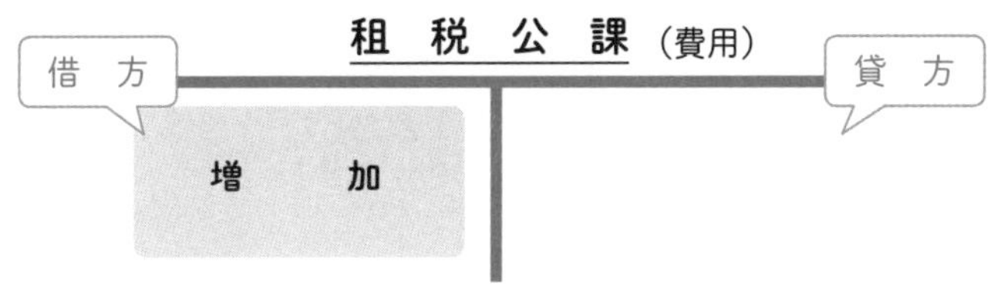

❶ 固定資産税を納めたとき

取　引

6 月 20 日　固定資産税の納税通知書￥10,000 を受け取ったため、小切手を振り出して支払った。

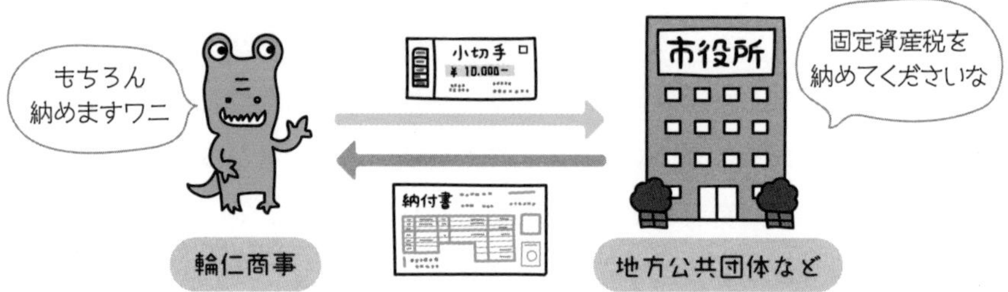

6月20日（借）租税公課　10,000　（貸）当座預金　10,000
　　　　　　　費用の発生

❷ 印紙税を納めたとき

取　引

10 月 31 日　郵便局で切手￥2,000 と収入印紙￥3,000 を購入し、代金は現金で支払った。

10月31日	(借) 通信費 費用の発生	2,000	(貸) 現金	5,000
	租税公課 費用の発生	3,000		

収入印紙は、租税公課勘定（費用）を用いますが、切手代は通信費勘定（費用）で処理します。

❸ 決算を迎えたとき

取　引

3月31日　決算を迎え、切手の未使用分は￥500、収入印紙の未使用分は￥1,500であり、貯蔵品勘定に振替を行った。

3月31日	(借) 貯蔵品 ②資産の増加	2,000	(貸) 通信費 ①費用の消滅	500
			租税公課 ①費用の消滅	1,500

① 切手のうち￥500と収入印紙のうち￥1,500は未使用のため、当期の費用ではありません。そこで通信費勘定の貸方に￥500、租税公課勘定の貸方に￥1,500と記入して減らします。

② 未使用分は貯蔵品勘定（資産）の借方に記入して次期に繰り越します。

次の勘定口座を見てください。通信費勘定の残高は￥1,500で、実際に使用した分だけが当期の通信費になっていることがわかります。

租税公課（費用）

6/20	当座預金	10,000	3/31	貯蔵品	1,500
10/31	現金	3,000			

通信費（費用）

10/31	現金	2,000	3/31	貯蔵品	500

貯蔵品（資産）

3/31	諸口	2,000			

法人税等の処理

法人税、住民税及び事業税（法人税等）：法人の儲けに対して、国が課税する税金

法人税、住民税、事業税等勘定（費用）で処理します。

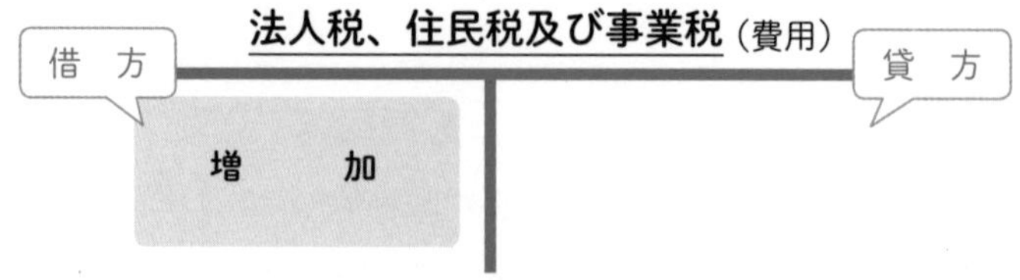

※ 法人税等勘定（費用）で処理することもあります。
※ 法人税、住民税及び事業税は費用ではなく利益の控除だという考え方もありますが、いずれにしても処理に違いはありません。

DAY 1 chapter 1 2
DAY 2 chapter 3 4
DAY 3 chapter 5 6
DAY 4 chapter 7
DAY 5 chapter 8 9
DAY 6 chapter 9
DAY 7 chapter 10

中間納付制度（ちゅうかんのうふせいど）

納税の負担軽減を図るため中間納付という制度があります。

中間納付は

★ 税金を納める側にとって、分割するほうが税金を納めやすい
★ 税金を受け取る側にとって、財政収入が均等化され安定した税収が見込める

などのメリットがあります。

中間申告の処理（ちゅうかんしんこく）

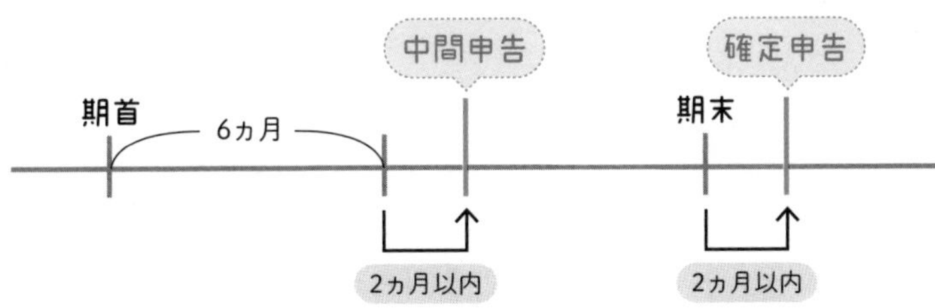

❶ 中間申告をしたとき

期首から半年分の法人税額（※）を算出して申告します。

（※）法人税額の算出方法（下記①とまたは②のいずれか）

① 前年度法人税額の２分の１　または

② 期首から６ヵ月経過後に仮決算を行って算出した法人税額

このとき納付した法人税額は、仮払法人税等勘定（資産）で処理します。

取 引

10月31日 輪仁商事（決算年1回、3月31日）は、法人税の中間申告を行い、税額¥27,000（法人税¥16,000、住民税¥5,000、事業税¥6,000）を小切手を振り出して支払った。

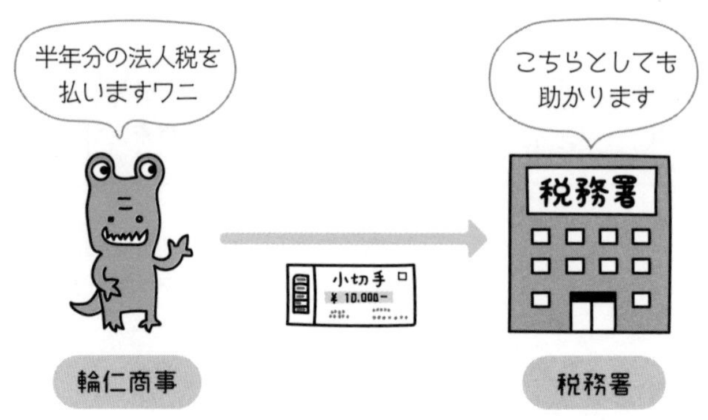

10月31日	(借)	仮払法人税等 資産の増加	27,000	(貸) 当座預金 資産の減少	27,000

❷ 決算のとき

税引前当期純利益に基づいて算出された年間の法人税額を法人税、住民税及び事業税勘定（費用）で計上します。

また中間申告していた仮払法人税との差額は、ここで現金納付するわけではないので、未払法人税等勘定（負債）で処理します。

取　引

3月31日　輪仁商事では、決算の結果、確定した税引前当期純利益について法人税が¥60,000と計算された。なお、この金額から中間納付額¥27,000を控除した金額を未払分として計上した。

年間の法人税は¥60,000だったワニ。仮払法人税の¥27,000を差し引いた¥33,000を未払法人税等に計上するワニ

3月31日	(借) 法人税、住民税及び事業税 費用の増加	60,000	(貸) 仮払法人税等 資産の減少	27,000
			未払法人税等 負債の増加	33,000

❸ 確定申告したとき

決算時に確定した法人税額は、決算から2ヵ月以内に申告し納付します。

取　引

4月30日　輪仁商事は、法人税について確定申告を行い、未払分￥33,000について小切手を振り出して納付した。

4月30日	（借）未払法人税等 負債の減少	33,000	（貸）当座預金	33,000

消費税の処理

消費税：国内の商品販売やサービスの提供に対して課税される税金

仮払消費税勘定（資産）、仮受消費税勘定（負債）、未払消費税勘定（負債）で処理します。

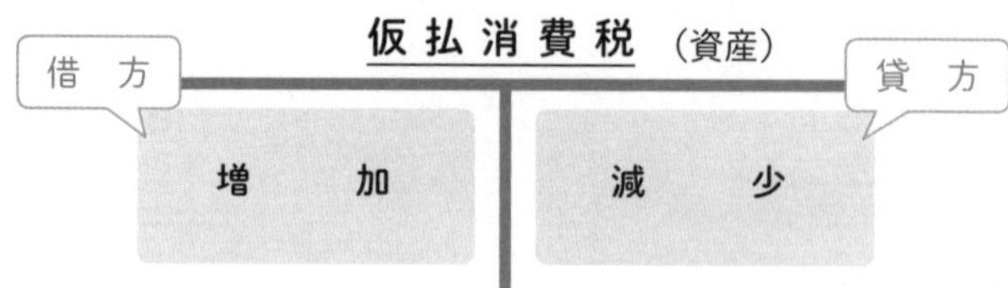

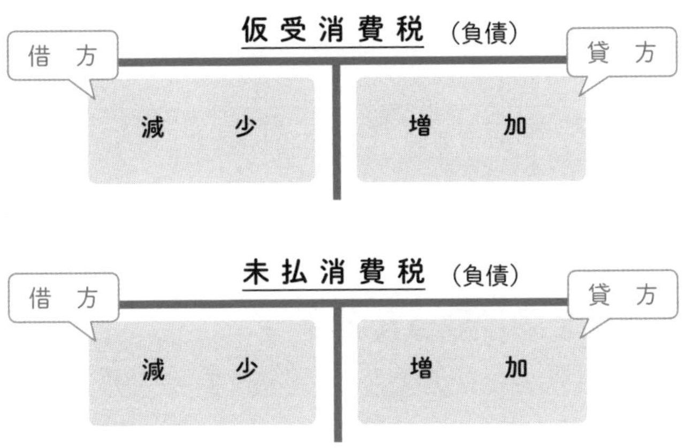

消費税は消費者が税を負担しますが、納税するのは消費者ではなく企業、という点が他の税金と違うところです。

❶ 消費税を支払ったとき

消費税を支払ったら、商品のエンドユーザーが負担する税を先払いしたと考えて、仮払消費税勘定（資産）で処理します。

取　引

2月23日　輪仁商事は商品を￥30,000で仕入れ、代金は現金で支払った。なお、消費税率は10%である。

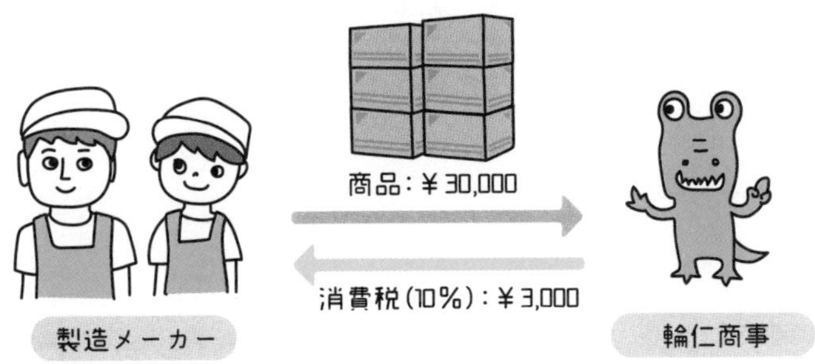

2月23日	(借) 仕　　入	30,000	(貸) 現　　金	33,000
	仮払消費税 資産の増加	3,000		

❷ 消費税を受け取ったとき

消費税を受け取ったら、商品のエンドユーザーが負担する税を預かったと考えて、仮受消費税勘定（負債）で処理します。

取　引

3月12日　輪仁商事は顧客に商品を￥40,000で販売し、代金は現金で受け取った。なお、消費税率は10%である。

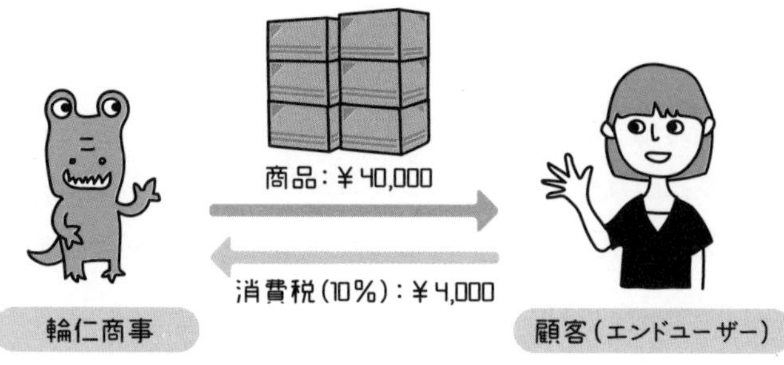

3月12日	(借) 現　　金	44,000	(貸) 売　　上	40,000
			仮受消費税 負債の増加	4,000

❸ 決算のとき

ここで輪仁商事の立場で考えてみましょう。

先払いした消費税（仮払消費税）と、預かっている消費税（仮受消費税）があります。

この２つを相殺した残りが納めるべき消費税になります。

これは未払消費税勘定（負債）で処理します。

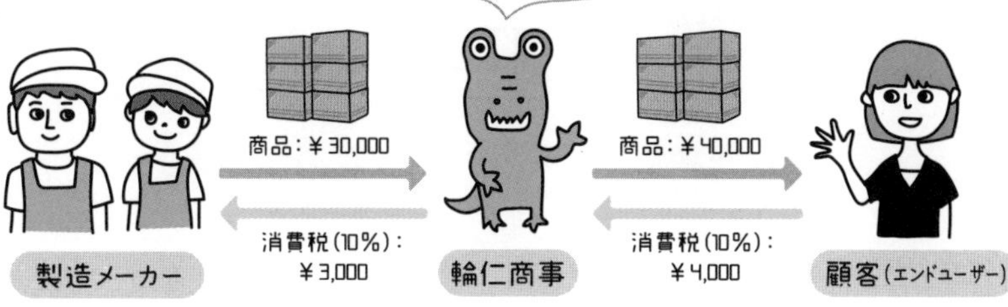

取　引

3月31日　本日決算につき、消費税の仮払分￥3,000と仮受分￥4,000を相殺し、納付額を確定する。

3月31日	(借) 仮受消費税 負債の減少	4,000	(貸) 仮払消費税 資産の減少	3,000
			未払消費税 負債の増加	1,000

④ 納付のとき

取　引

4 月 30 日　消費税の確定申告を行い、未払消費税￥1,000 について小切手を振り出して納付した。

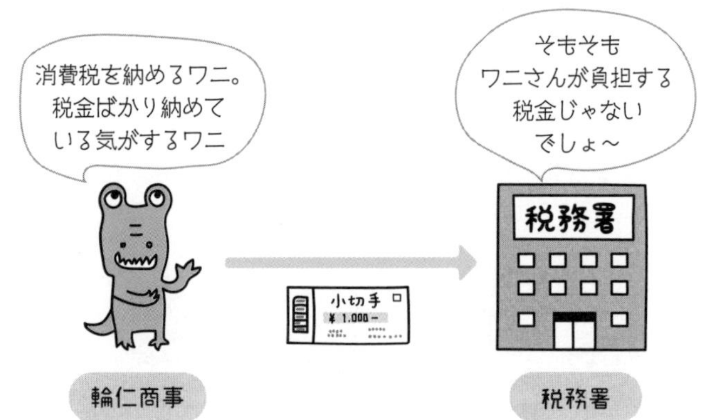

4月30日	(借) 未払消費税 負債の減少	1,000	(貸) 当 座 預 金	1,000

第8章

有形固定資産と減価償却

section 1 第1節｜有形固定資産と減価償却

8-1 有形固定資産と減価償却

ゲンカショウキャク。

マイナー（失礼！）な簿記の世界では、世に知られたことば、トップランクでしょう。

建物や備品は、長年、使うのでだんだんとその価値が減少します。この価値の減少は、営業に役立ったからだと考え費用に計上しようというのが、減価償却です。

固定資産とは

固定資産は、営業のために長期的に使用する資産のことです。固定資産は有形固定資産と無形固定資産に大別されます。

固定資産
- 有形固定資産
- 無形固定資産

有形固定資産：具体的な形をもつ固定資産。建物・備品・車両運搬具など

無形固定資産：法律上の権利など、具体的な形をもたない固定資産。借地権・商標権・ソフトウェアなど

具体的な形があるのかないのかという点が最大の違いです。

簿記3級では、有形固定資産のみを取り上げます。

有形固定資産（ゆうけいこていしさん）とは

有形固定資産：営業のために長期的に使用する資産で、具体的な形をもつもの。

償却（しょうきゃく）とは

一般には借金を返すことを償却（しょうきゃく）というようです。

しかし、簿記上は「費用にすること」を償却といいます。

償却の代表的な物として、有形固定資産の減価償却（げんかしょうきゃく）があります。

償却資産と非償却資産

有形固定資産は、減価償却が必要かどうかで償却資産と非償却資産に大別されます。

有形固定資産	意　　味	具体例
償却資産	減価償却が必要な資産	建物・備品・車両運搬具・機械装置など
非償却資産	減価償却が不要な資産	土地

土地は永久資産とされ、
価値は減少しないので
減価償却はしません

有形固定資産の会計処理

有形固定資産の処理には、購入時・決算時・売却時の3つのタイミングがあります。

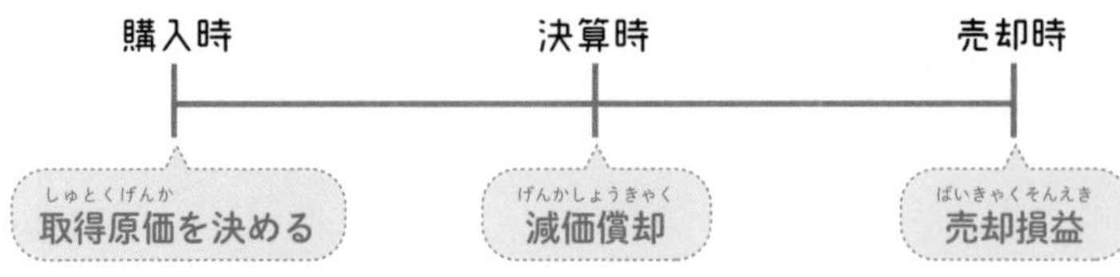

有形固定資産を購入したとき

例えば、価格２千万円のマンションを買う場合、２千万円（購入代価）の他に、不動産会社に対する仲介手数料や不動産登記の費用などが別途必要になります。

こうした固定資産を手に入れて使用できるまでにかかった費用（付随費用）は、固定資産の**取得原価**に含めます。

取得原価 ＝ 購入代価（こうにゅうだいか） ＋ 付随費用（ふずいひよう）

また、固定資産の種類ごとに、次のような勘定科目で処理します。

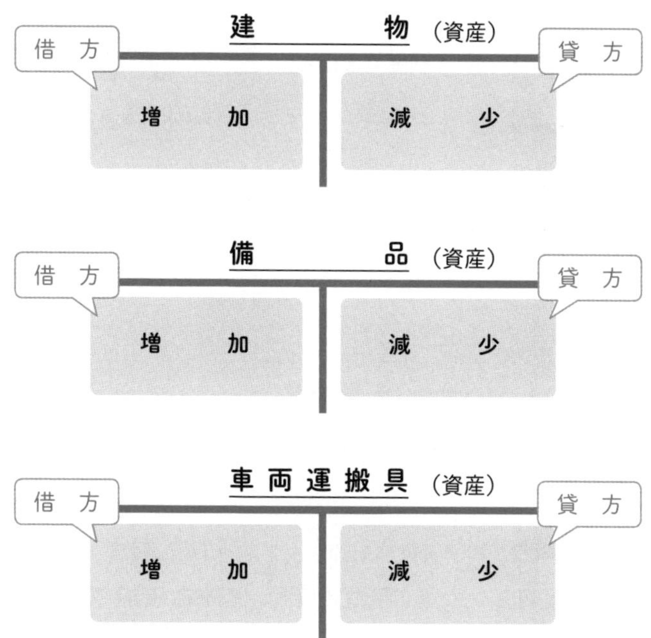

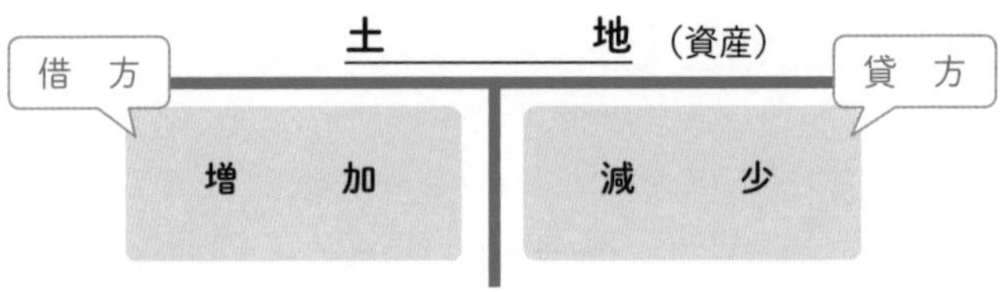

取　引

4月10日　輪仁商事は、チャーン不動産から土地￥100,000を購入し、不動産会社の仲介手数料￥5,000、不動産登記料￥3,000を含めて、翌月末に支払う約束をした。

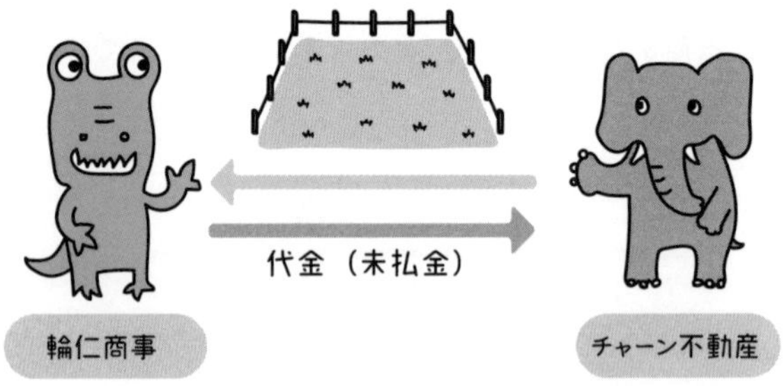

4月10日	（借）土　地 ①資産の増加	108,000	（貸）未 払 金 ②負債の増加	108,000

① 土地勘定（資産）の借方に記入します。金額は購入代価に付随費用を含めた￥108,000とします。

取得原価 ￥108,000 ＝ 購入代価 ￥100,000 ＋ 付随費用 ￥8,000

② 諸費用も含めて代金は翌月末に支払うことにしたため、未払金勘定（負債）の貸方に￥108,000と記入します。

取　引

5月8日　　輪仁商事は、Buff ファニチャーから事務用机と椅子￥58,000を購入し、配送料￥2,000を含めて小切手を振り出して支払った。

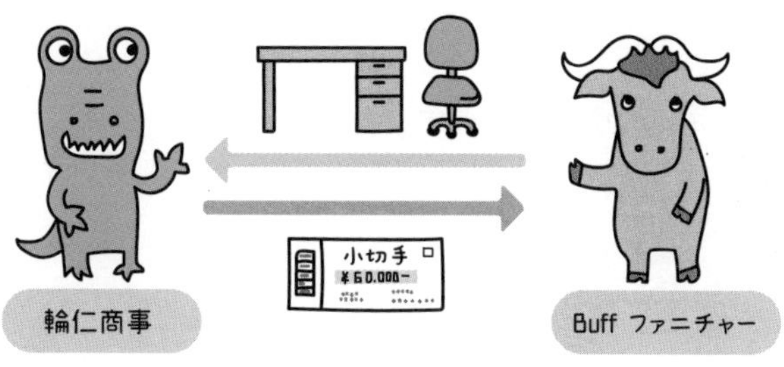

5月8日	（借）備　　品 ①資産の増加	60,000	（貸）当座預金 ②資産の減少	60,000

① 事務用の机と椅子は備品勘定を用います。

そこで備品勘定（資産）の借方に記入します。

金額は購入代価に諸費用を含めた￥60,000とします。

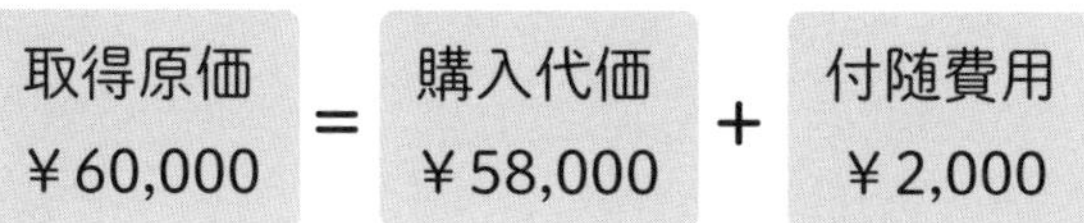

② 代金は諸費用も含めて小切手を振り出したため、当座預金勘定（資産）の貸方に￥60,000と記入します。

決算と減価償却(げんかしょうきゃく)

減(げん)　　価(か)：使用するにつれて固定資産の価値が減少すること

償(しょう)　　却(きゃく)：費用化すること

減価償却：固定資産の価値の減少を見積もって、年々費用化していく手続き

減価償却は決算の度に行います。

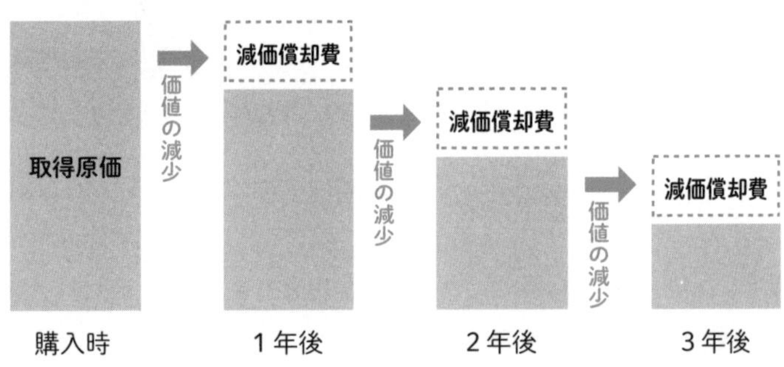

減価償却の手続き

定額法（ていがくほう）とは

決算の度に、毎年の減価償却費を計算し、減価償却を行います。減価償却費の計算方法には、定額法（ていがくほう）・定率法（ていりつほう）・生産高比例法（せいさんだかひれいほう）などがありますが、簿記３級では、定額法を学習します。

減価償却費の計算（定額法）

$$\frac{\text{取得原価（しゅとくげんか）} - \text{残存価額（ざんぞんかがく）}}{\text{耐用年数（たいようねんすう）}} = \text{減価償却費}$$

取得原価（しゅとくげんか）：購入時の帳簿価額

耐用年数（たいようねんすう）：使用可能な年数

残存価額（ざんぞんかがく）：耐用年数経過後の処分価値

残存価額は問題文に「取得原価の１割とする」などと書かれています。また平成 19 年４月１日以降に取得した資産については、残存価額を０とすることになりました。

例　題

当期期首に備品（取得原価 ￥60,000　耐用年数３年　残存価額は取得原価の１割）を購入した。当期期末における減価償却費を定額法によって求めなさい。

$$\frac{\text{取得原価} - \text{残存価額}}{\text{耐用年数}} = \frac{¥60,000 - ¥60,000 \times 10\%}{3\text{年}} = ¥18,000$$

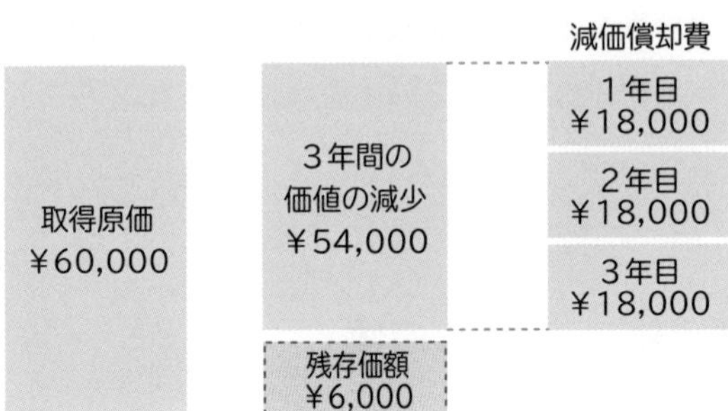

① 取得原価から残存価額を引く理由（¥60,000 − ¥6,000）

3年間でどれだけ価値が減少するのかを計算するため、取得原価から残存価額を控除します。

残存価額は3年後の処分価値です。逆にいえば価値が減少しないので控除します。

② 3年間の価値減少を耐用年数で割る理由

①の計算によって、3年間で¥54,000の価値減少が生じることがわかりました。

そこで3年で割ると、1年あたりの価値の減少（＝減価償却費）はいくらか、求めることができます。

減価償却の処理

減価償却の処理は、原則として間接法を用います。

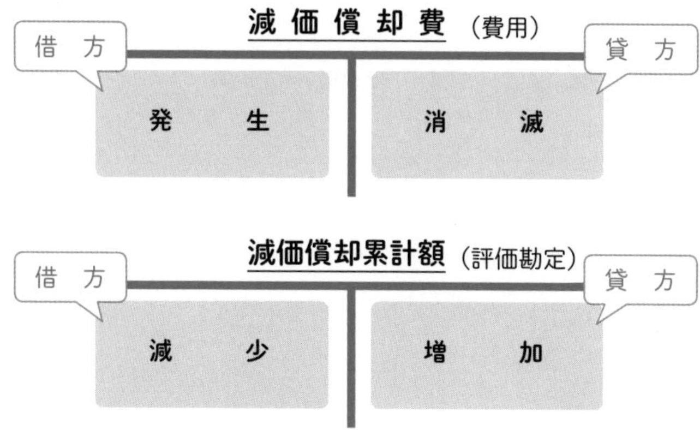

なお、間接法に対して直接法（３級の出題範囲外）があります。次の例題を使って、２つの方法を比較してみましょう。

例題

決算につき、当期期首に取得した備品（取得原価 ¥60,000　耐用年数３年　残存価額は取得原価の１割　定額法）の当期期末における減価償却費計上の仕訳を示しなさい。

DAY 1 chapter 1 2
DAY 2 chapter 3 4
DAY 3 chapter 5 6
DAY 4 chapter 7
DAY 5 chapter 8 9
DAY 6 chapter 9
DAY 7 chapter 10

■ 直接法

価値の減少分を備品などの勘定の貸方に直接書き込んで減額する方法です。

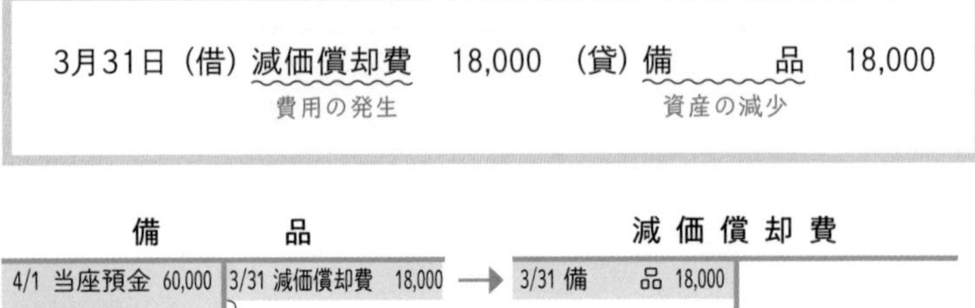

■ 間接法

直接法のように価値の減少分を備品などの勘定の貸方に直接書き込んで減額するのではなく、減価償却累計額勘定の貸方に記入して、間接的に減額する方法です。

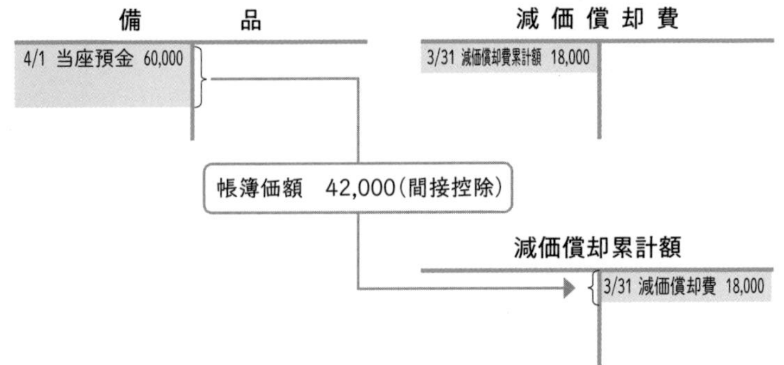

減価償却累計額勘定は資産の評価勘定と呼ばれ、備品勘定から間接的に控除する役割をもっています。

有形固定資産を売却したとき

有形固定資産を売却したときは売却損益が発生しますが、固定資産売却益勘定（収益）または固定資産売却損勘定（費用）で処理します。

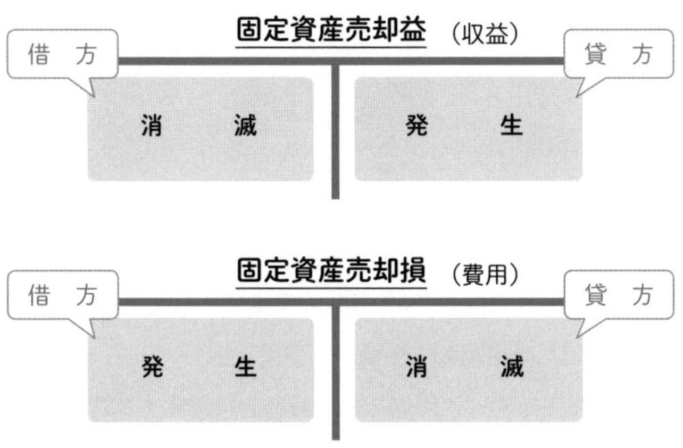

売却損益の計算

売却価額 － 売却直前の帳簿価額 ＝ (+) 売却益

売却価額 － 売却直前の帳簿価額 ＝ (−) 売却損

※ 売却直前の帳簿価額 ＝ 取得原価 － 過去の減価償却費合計

例題1　売却益が生じるケース

4月1日　前期期首に取得した備品￥60,000について、本日バーニー商会に￥50,000で売却し、代金は同店振り出しの小切手で受け取った。当社は備品について、耐用年数3年　残存価額は取得原価の1割　定額法によって減価償却を行っている（間接法）。

日付	借方科目	金額	貸方科目	金額
4月1日	(借) 現　金 資産の増加	50,000	(貸) 備　品 ①資産の減少	60,000
	減価償却累計額 ②評価勘定の減少	18,000	固定資産売却益 ③収益の発生	8,000

ここでは間接法を前提に処理を考えます。

① 売却によって、固定資産が減少しました。そこで備品勘定の貸方に取得原価の￥60,000のまま仕訳します。

② 前期の減価償却費は減価償却累計額勘定に記入されています。備品を売却したため、減価償却累計額も無くす必要があります。そこで減価償却累計額勘定の借方に￥18,000と仕訳します。

③ 売却損益の計算

例題2　売却損が生じるケース

4月1日　所有している備品￥60,000について、本日バーニー商会に￥38,000で売却し、代金は同店振り出しの小切手で受け取った。当社は備品（前期期首取得）について、耐用年数3年　残存価額は取得原価の1割　定額法によって減価償却を行っている（間接法）。

4月1日	(借)	現　金 資産の増加	38,000	(貸)	備　品 資産の減少	60,000
		減価償却累計額 評価勘定の減少	18,000			
	(借)	固定資産売却損 費用の発生	4,000			

売却損は仕訳の貸借の差額として計算するか、次の式によって計算します。

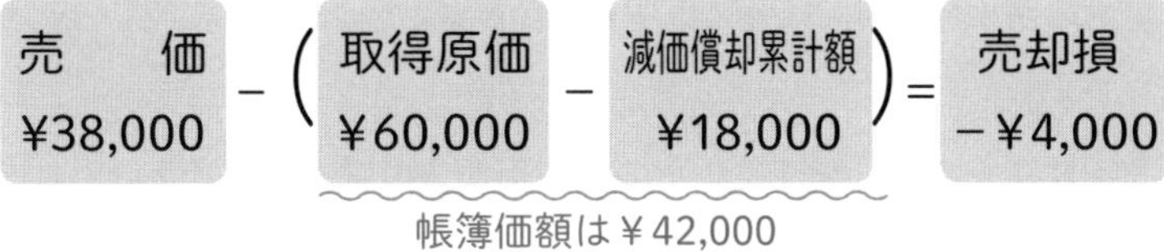

どうでしたか？　減価償却はしっかりとマスターしてもらいたいところです。

有形固定資産の期中取得と減価償却

建物や備品などの固定資産を会計期間の中途で取得した場合、使用期間に応じた減価償却費を月割り計算によって計上します。

取　引

決算につき、当期の 10 月 1 日に取得した車両運搬具（取得原価￥72,000 耐用年数 3 年 残存価額は 0 定額法）の当期期末における減価償却費計上の仕訳を示しなさい。なお、減価償却費の計算は月割り計算による。また当会計期間は、X1 年 4 月 1 日から X2 年 3 月 31 日までである。

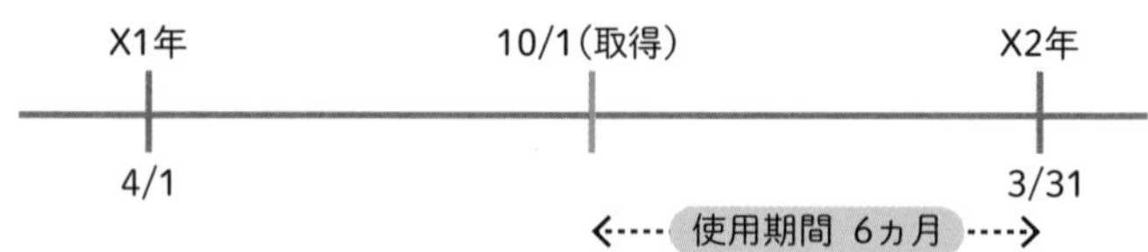

・使用期間に応じた減価償却費

車両の使用期間は、X1 年 10 月 1 日から X2 年 3 月 31 日までの 6 ヵ月です。

固定資産を 6 ヵ月間使用したので、その分の減価償却費を計上します。

年間減価償却費：￥72,000 ÷ 3 年＝￥24,000
1 ヵ月分の減価償却費：￥24,000 ÷ 12 ヵ月
＝@￥2,000/ 月
当期減価償却費：@￥2,000/ 月 × 6 ヵ月＝￥12,000

(借) 減価償却費	12,000	(貸) 減価償却累計額	12,000
費用の発生		評価勘定の増加	

有形固定資産の期中売却と減価償却

建物や備品などの固定資産を会計期間の中途で売却した場合、当期期首から売却当日までの期間に応じた減価償却費を月割り計算によって計上します。

取　引

X0 年 4 月 1 日に取得した備品について、8 月 31 日にバーニー商会に ¥ 30,000 で売却し、代金は同店振り出しの小切手で受け取った。備品（取得原価 ¥ 60,000 減価償却累計額 ¥ 18,000 耐用年数 3 年 残存価額は取得原価の 1 割）は、定額法によって減価償却を行っている（間接法）。また当期期首から売却当日までの減価償却費は月割り計算によること。当会計期間は X1 年 4 月 1 日から X2 年 3 月 31 日までである。

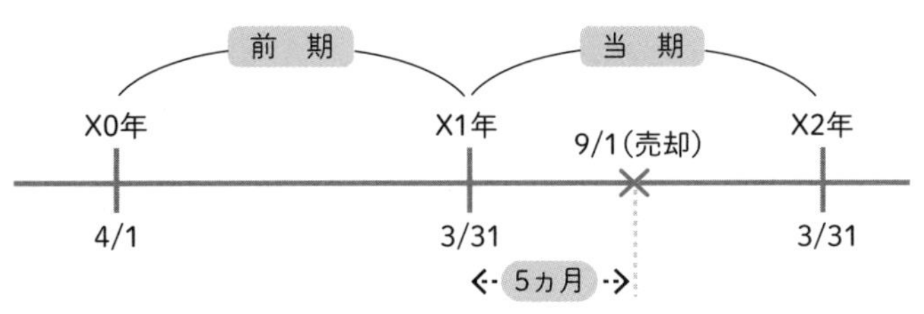

(借)	現金 資産の増加	30,000	(貸)	備品 資産の減少	60,000
	減価償却費 ①費用の発生	7,500			
	減価償却累計額 ②評価勘定の減少	18,000			
	固定資産売却損 ③費用の発生	4,500			

① 当期期首から売却当日までの減価償却費

これは、実際に使用した5ヵ月分（X1年4月1日からX1年8月31日）の減価償却費を指します。

$$年間減価償却費：\frac{¥60,000 - ¥60,000 \times 10\%}{3年} = ¥18,000$$

1ヵ月分の減価償却費：¥18,000 ÷ 12ヵ月 ＝@¥1,500/月

当期減価償却費：@¥1,500/月×5ヵ月 ＝¥7,500

② 減価償却累計額

昨年度（X0年4月1日からX1年3月31日）までの減価償却分を記入します。

③ 売却損益

売却損益は、売却価額と帳簿価額との差額です。

帳簿価額の計算上、減価償却費を差し引くのを忘れないでください。

オフィス事務所などを賃貸借する場合の処理

オフィス事務所などを賃借する場合、敷金や保証金、不動産会社に対する手数料、前家賃などが発生します。

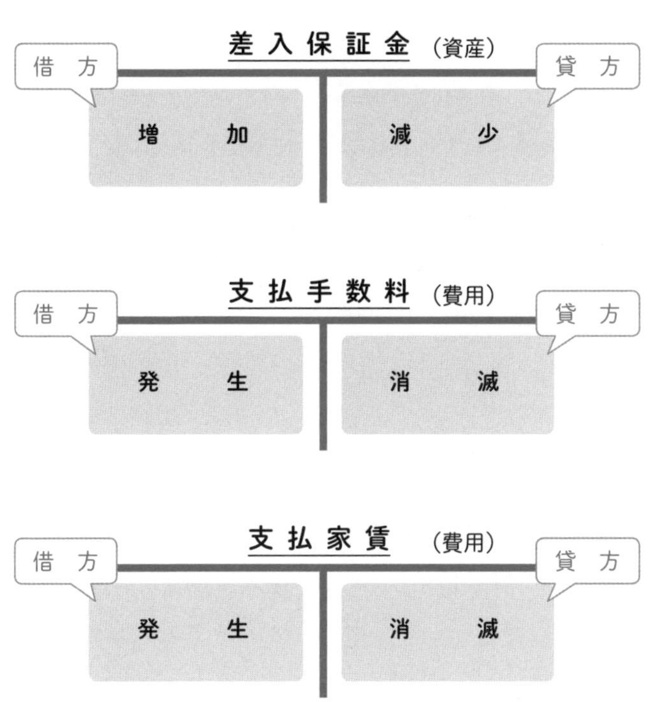

❶ 事務所などを賃貸借する契約を結んだとき

● 敷金や保証金など：
差入保証金勘定で処理します

● 不動産会社に対する仲介手数料など：
支払手数料勘定で処理します

● 契約時に支払った家賃：
支払家賃勘定で処理します

取　引

輪仁商事株式会社は、新規出店のためにビルの１階部分を１ヵ月当たり ¥150,000 にて賃借する契約を結んだ。契約にあたり、敷金（家賃の２ヵ月分）および不動産業者に対する仲介手数料（家賃の１ヵ月分）、前家賃として１ヵ月分を、小切手を振り出して支払った。

(借)	差入保証金 資産の増加	300,000	(貸)	当座預金 資産の減少	600,000
	支払手数料 費用の発生	150,000			
	支払家賃 費用の発生	150,000			

❷ 賃貸借契約を解除したとき

賃貸借契約を解除したときには、差入保証金が返還されるため、差入保証金勘定（資産）の貸方に記入します。
また原状回復費用は、修繕費勘定（費用）の借方に記入します。

取 引

輪仁商事株式会社は、ビルの賃借契約を解除し、保証金の返還額¥300,000から、原状回復のための費用¥100,000を控除した残額が当座預金口座に振り込まれた。

(借)	当座預金 資産の増加	200,000	(貸)	差入保証金 資産の減少	300,000
	修繕費 費用の発生	100,000			

有形固定資産の改良と修繕

所有している建物が雨漏りした、または外壁に傷が付いたなど、修繕が必要になることがあります。また、改築や増築を行うこともあります。

修繕をした場合の支出を収益的支出といい、修繕費勘定（費用）で処理します。

また、改築や増築をした場合の支出を資本的支出といい、建物勘定（資産）で処理します。

取 引

建物の修繕と改築を行い、代金¥100,000は九州銀行の小切手を振り出して支払った。このうち建物の現状を維持するための支出額（収益的支出）は¥30,000であり、残りは建物の資産価値を高める支出（資本的支出）である。なお、当社は複数の金融機関を利用しているため、口座ごとに預金勘定を設定している。

(借)	修繕費 費用の発生	30,000	(貸)	当座預金九州銀行 資産の減少	100,000
	建物 資産の増加	70,000			

確認問題

問題 8-1　次の取引を仕訳しなさい。勘定科目は次の中から選んで、記号で解答すること。

イ	当座預金	ロ	備品	ハ	支払運賃
ニ	減価償却費	ホ	減価償却累計額	ヘ	未払金

4月　1日　当期期首に秋田家具店から事務用机と椅子￥58,000を購入し、配送料￥2,000と合わせて代金は翌月末払いとした。

3月31日　決算につき、当期期首に取得した備品（取得原価￥60,000　耐用年数3年　残存価額は取得原価の1割　定額法）の当期期末における減価償却費計上の仕訳を示しなさい（間接法によること）。

答案用紙 8-1

	借方科目	金額	貸方科目	金額
4月1日				
3月31日				

問題 8-2　次の取引を仕訳しなさい。勘定科目は次の中から選んで、記号で解答すること。

イ	未収入金	ロ	備品	ハ	固定資産売却損
ニ	減価償却費	ホ	減価償却累計額	ヘ	固定資産売却益

（1）前期期首に取得した備品￥60,000について、本日岩手商会に￥50,000で売却し、代金は翌月受け取る約束である。当社は備品について、耐用年数3年　残存価額は取得原価の1割

定額法によって減価償却を行っている（間接法)。

（２）前期期首に取得した備品￥60,000 について、本日岩手商会に￥38,000 で売却し、代金は翌月受け取る約束である。当社は備品について、耐用年数３年　残存価額は取得原価の１割定額法によって減価償却を行っている（間接法)。

答案用紙 8-2

	借方科目	金　額	貸方科目	金　額
（1）				
（2）				

問題 8-3　次の取引を仕訳しなさい。勘定科目は次の中から選んで、記号で解答すること。

イ	現　　金	ロ	貯　蔵　品	ハ	通　信　費
ニ	租 税 公 課				

10 月 31 日　郵便局で切手￥2,000 と収入印紙￥3,000 を購入し、代金は現金で支払った。

３月 31 日　決算を迎え、切手の未使用分は￥500、収入印紙の未使用分は￥1,500 であり、貯蔵品勘定に振替を行った。

答案用紙 8-3

	借方科目	金　額	貸方科目	金　額
10月31日				
3月31日				

問題 8-4　次の取引を仕訳しなさい。勘定科目は次の中から選んで、記号で解答すること。

イ	現　金	ロ	仮払消費税	ハ	仮受消費税
ニ	未払消費税	ホ	仕　入	ヘ	売　上

2月23日　商品を¥30,000（税抜き）で仕入れ、代金は現金で支払った。なお、消費税率は10%である。

3月12日　商品を¥40,000（税抜き）で販売し、代金は現金で受け取った。なお、消費税率は10%である。

3月31日　本日決算につき、消費税の仮払分¥3,000と仮受分¥4,000を相殺し、納付額を確定する。

答案用紙 8-4

	借方科目	金　額	貸方科目	金　額
2月23日				
3月12日				
3月31日				

第９章はもっとも難しい項目なので、２日にわけて学習します。先をいそがず読み直しながら進めてください。

第９章

決算の手続

9-1 決算とは

ケッサン。

一年を締めくくる大切な手続きです。

まずは、どのようなものなのかを見ていきましょう。

決算の手続き

決算とは

決算：一年の利益を知るために、また決算日現在の資産・負債・純資産の残高を確定するために行われる手続き。

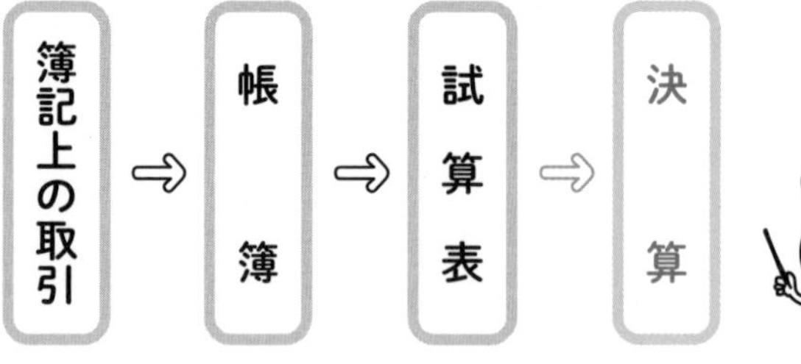

決算手続きには３つある

決算手続きは、

決算予備手続　決算本手続　決算報告手続

の３つがあります。

それぞれの内容はこんな感じです。

決算手続き	内　　容	説明など
決算予備手続	❶ 試算表の作成※	試算表を作成して、総勘定元帳の記入が正しいかチェックする
	❷ 棚卸表（たなおろしひょう）の作成	決算整理事項の一覧表（＝棚卸表）を作成する
決算本手続	❶決算整理記入	①売上原価の算定 ②減価償却 ③貸倒れの見積もり ④現金過不足の処理 ⑤当座借越の計上 ⑥貯蔵品の計上 ⑦費用・収益の見越し ⑧費用・収益の繰り延べ等
	❷決算振替記入	本書電子版（特典）で説明
	❸帳簿の締切	〃
	❹繰越試算表の作成	〃
決算報告手続	❶損益計算書作成	第10章で説明
	❷貸借対照表作成	〃

※関連コラム参照（P258）

聞き慣れない言葉がいっぱいだと思いますが、ここでは、**決算の手続には3つある**、程度に留めておいてください。

決算整理記入とは

期中には正しく処理したけれども、決算になって修正が必要なことを決算整理事項といいます。また決算整理事項の仕訳を特に「決算整理仕訳」といいます。

すでに取り上げた決算整理仕訳の代表的なものを取り上げましょう。

❶ 現金過不足(げんきんかぶそく)の処理

原因不明の現金過不足残高を、決算日に雑損(ざっそん)か雑益(ざつえき)に振り替えます。

例　題

3月31日　決算を迎え、現金過不足勘定の借方残高￥1,000を雑損とした。

決算日	(借) 雑　損 費用の発生	1,000	(貸) 現金過不足 仮勘定の減少	1,000

❷ 当座借越(とうざかりこし)の計上

決算日に当座預金残高がマイナス（貸方残高）の場合があります。これは銀行からの借り入れが発生している状況のため、決算日に当座借越勘定（負債）に振り替えます。

例　題

3月31日　決算において当座預金の残高が￥50,000（貸方）と

なっているが、これは全額が当座借越によるものである。そこで、適切な勘定に振り替えた。

3月31日 （借）当座預金 50,000 （貸）当座借越 50,000
資産の増加　負債の増加

❸ 有形固定資産の減価償却（げんかしょうきゃく）

有形固定資産は使用することによってその価値が減少します。そこで、当期の価値の減少を見積もって減価償却費に計上します。

例　題

決算につき、当期期首に取得した備品（取得原価 ¥60,000　耐用年数3年　残存価額は0　定額法）の当期期末における減価償却費計上の仕訳を示しなさい（間接法）。

3月31日 （借）減価償却費 20,000 （貸）減価償却累計額 20,000
費用の発生　評価勘定の増加

¥60,000 ÷ 3年 = ¥20,000

❹ 貯蔵品（ちょぞうひん）の計上

例　題

3月31日　決算を迎え、切手の未使用分は¥500、収入印紙の未使用分は¥1,500であり、貯蔵品勘定に振替を行った。

3月31日	(借) 貯　蔵　品 資産の増加	2,000	(貸) 通　信　費 費用の消滅	500
			租 税 公 課 費用の消滅	1,500

第２節以降では、これ以外の新しい決算整理事項と仕訳について取り上げます。

コラム

試算表とは

試算表：総勘定元帳の記入が正しいことを確認するための計算表

簿記上の取引は仕訳され、総勘定元帳に転記されます。

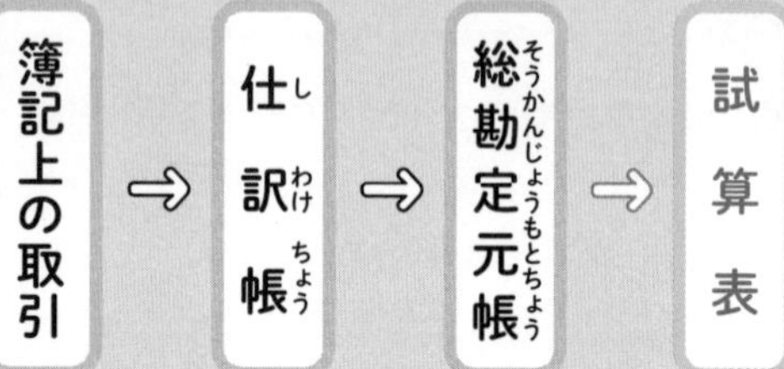

つまり、総勘定元帳には、企業の記録がすべて集約されているといっていいでしょう。

仮に、総勘定元帳の記入が正しくないとしたら、何が起きるでしょう？　経理データそのものが信用できなくなります。

そのようなことが起きないように、試算表は総勘定元帳の記入が正しいことを確認するために作成されます。

試算表の種類

試算表には、次の２つがあります。

1. 合計（ごうけい）試算表：各勘定口座の合計額を集めて作成
2. 残高（ざんだか）試算表：各勘定口座の残高を集めて作成

この他に１と２の両方を合わせた合計残高試算表もあります。

合計残高試算表
令和Ｘ１年９月30日

借方		勘定科目	貸方	
残高	合計		合計	残高
1,440	2,350	現金	910	
1,120	3,900	当座預金	2,780	
1,210	3,260	売掛金	2,050	
200	200	備品		
	1,110	買掛金	2,080	970
		借入金	1,000	1,000
		資本金	1,000	1,000
		繰越利益剰余金	500	500
	160	売上	3,720	3,560
2,500	2,550	仕入	50	
400	400	給料		
160	160	支払家賃		
7,030	14,090	一致	14,090	7,030

一致

仕訳が総勘定元帳に正しく転記されているとそこから試算表を作成した場合、試算表の借方・貸方の合計額は一致します。反対に一致しないときは、何かの転記ミスがあったと考えられます。

9-2 売上原価の算定

ウリアゲゲンカ。

収益だか費用だかはっきりしない言葉です。

これは売った商品の仕入原価という意味です。

つまり「商品を売るためにいくらのお金を掛けたか」ということなんですが、三分法では決算の度に売上原価を算定する必要があります。

売上原価とは

売上原価：実際に販売された商品の仕入れ値（または原価）のこと

売上原価がわからないと商品売買益（商品売買による利益）がわからないので、決算にあたって売上原価を算定します。

例　題

輪仁商事では、当期に河馬商店から商品100個を￥200,000で仕入れ、この100個すべてを麒麟商事に￥300,000で販売した。なお、期首と期末に在庫の商品はなかった。

（１）当期の売上高と売上原価はいくらか。

（２）当期の商品販売益（売上総利益）はいくらか。

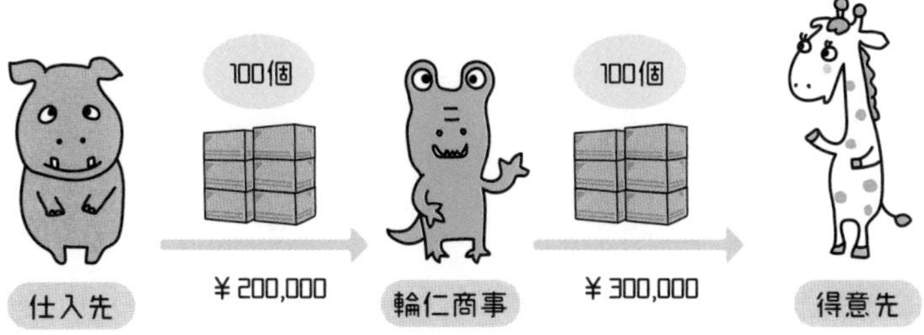

売　上　高	¥300,000
売　上　原　価	¥200,000
商　品　販　売　益	¥100,000

当期に販売した100個の商品の仕入れ値¥200,000が売上原価です。

売った100個の商品の売値（＝売上高）は¥300,000、

仕入れ値（＝売上原価）は¥200,000

ですから、正味¥100,000儲かったことになります。

決算時に売上原価を求めるのは、この商品売買益を知りたいからなんです。

売上原価の計算の仕組み

期首(きしゅ)にも期末(きまつ)にも在庫商品(ざいこしょうひん)がない前提で考えましたが、現実世界では、そんなことはごくまれで、実際のところ、売上原価は次の式によって計算します。

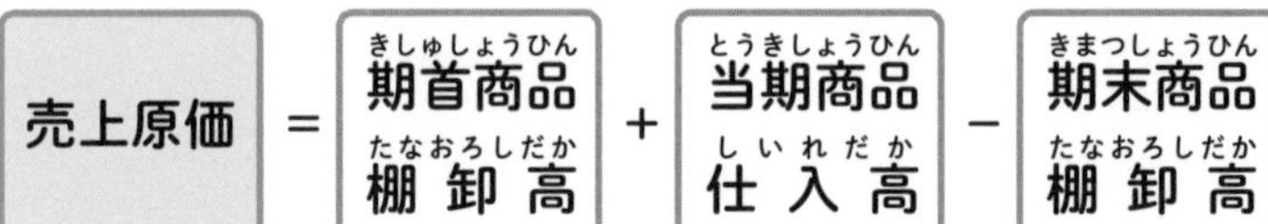

売上原価の計算は、主に2つからなります。

❶ 当期の商品総額を出す

期首商品棚卸高と当期商品仕入高を合計します。そうすると、当期中に販売可能な商品の総額が求められます。

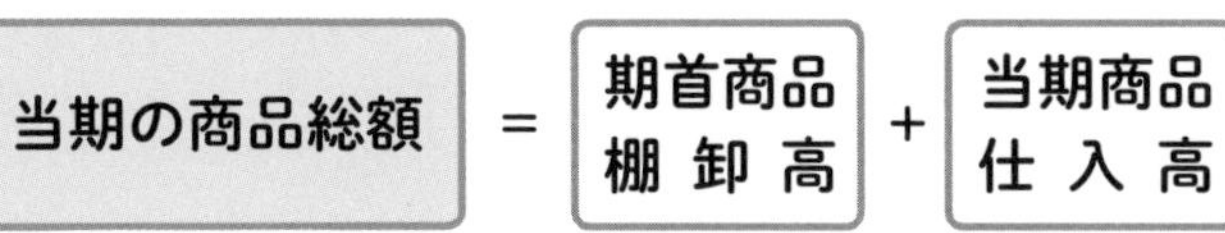

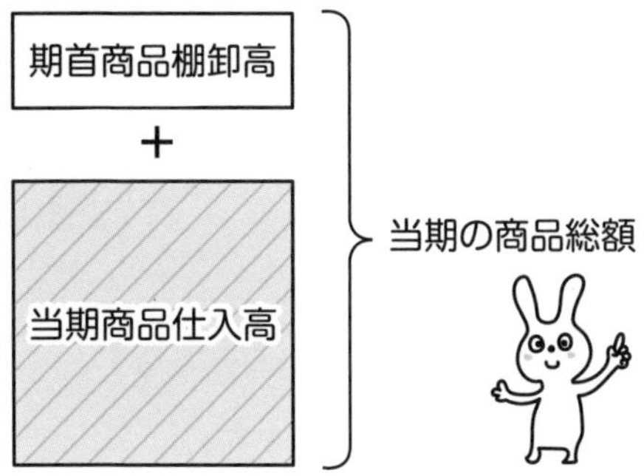

❷ 当期商品総額を期中販売商品と未販売商品に分ける

ここで、期中販売商品とは売上原価のことで、未販売商品は期末商品です。

当期商品総額の中には、

★ 期中に販売した商品（売上原価）
★ 期中に販売せず残った商品（期末商品棚卸高）

が含まれます。

そこで、当期商品総額から期末商品棚卸高をマイナスすれば、売上原価が求められます。

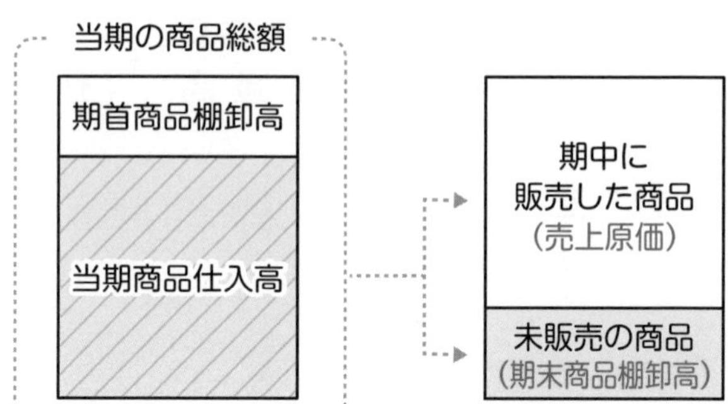

そのため、2つのプロセスを組み合わせると、

という算式になるワケです。

DAY 1 chapter 1 2
DAY 2 chapter 3 4
DAY 3 chapter 5 6
DAY 4 chapter 7
DAY 5 chapter 8 9
DAY 6 chapter 9
DAY 7 chapter 10

例　題

次の資料から当期の売上原価はいくらか求めなさい。

- 期首商品棚卸高　　¥　30,000
- 当期商品仕入高　　¥ 200,000
- 期末商品棚卸高　　¥　50,000

売上原価：￥180,000

¥30,000 ＋ ￥200,000 − ￥50,000 ＝ ￥180,000

売上原価を仕入勘定で算定する場合

帳簿上では、繰越商品勘定（資産）と仕入勘定（費用）を用いて売上原価を算定します。

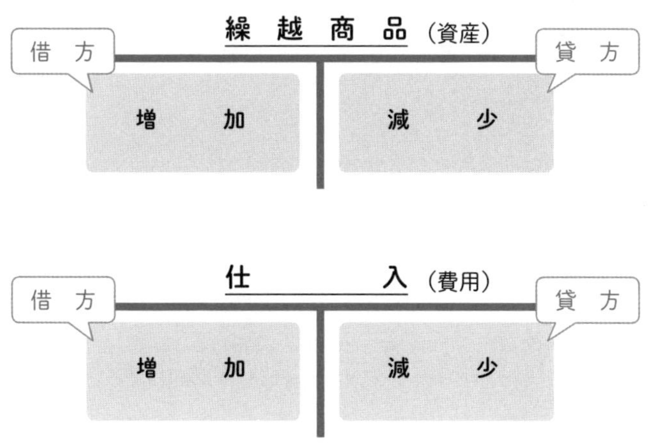

これは期首商品・当期商品仕入・期末商品の３つを仕入勘定に集めちゃおう、という方法です。

簿記試験の精算表の問題では、この方法を「仕入の行で売上原価を算定する方法」といったりするワン

例　題

次の資料から、仕入勘定で売上原価を算定するための決算整理仕訳を行い、勘定口座に転記しなさい。

- 期首商品棚卸高　¥　30,000
- 当期商品仕入高　¥　200,000
- 期末商品棚卸高　¥　50,000

仕　入

借方	貸方
…　……　200,000	

売　上

借方	貸方
	…　……　280,000

繰越商品

借方	貸方
4/1　前期繰越　30,000	

■売上原価算定の決算整理仕訳：

3月31日	(借) 仕　入 費用の発生	30,000 期首商品	(貸) 繰越商品 資産の減少	30,000 期首商品
	繰越商品 資産の増加	50,000 期末商品	(貸) 仕　入 費用の消滅	50,000 期末商品

■勘定口座への記入：

仕　　入

借方			貸方		
…	……	200,000	3/31	繰越商品	50,000
3/31	繰越商品	30,000			

売　　上

借方			貸方		
			…	……	280,000

繰　越　商　品

借方			貸方		
4/1	前期繰越	30,000	3/31	仕　　入	30,000
3/31	仕　　入	50,000			

❶ 期首商品棚卸高を仕入勘定へ振り替える

仕入勘定の残高：￥200,000

→ 当期商品仕入高を表します。

繰越商品勘定の残高：￥30,000

→ 期首商品棚卸高を表します。

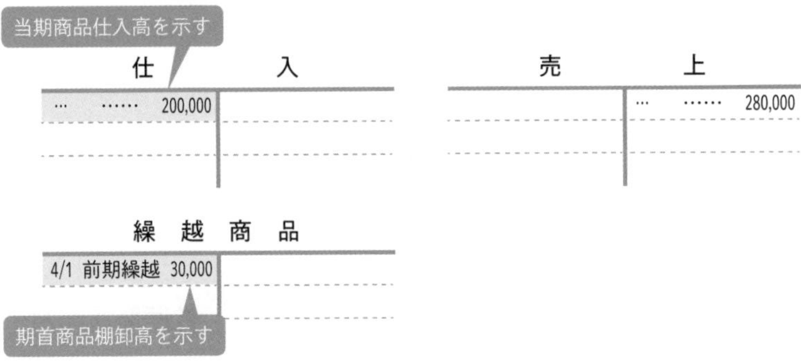

そこでまず、期首商品棚卸高を仕入勘定に振り替えます。

① すでに当期商品仕入高は仕入勘定の借方にあるので、期首商品棚卸高を仕入勘定にもっていきます。これを振り替える、といいます。
ちなみに「振り替える」という言葉は、金額を移動させることをいい、

（借）仕　　　入 30,000（貸）

と記入します。

② また、繰越商品勘定には￥30,000が残ったままです。そこで、

（借）仕　　　入 30,000（貸）繰越商品 30,000

と記入して、繰越商品の残高を0にします。

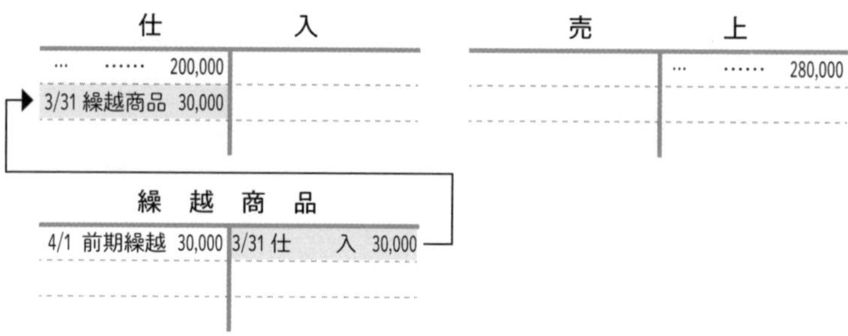

これで仕入勘定の残高は￥230,000となり、当期商品総額￥230,000が計算できました。

❷ 期末商品棚卸高を繰越商品勘定に振り替える

次に当期商品総額から期末商品をマイナスして，売上原価を算定します。

① そこで、仕入を期末商品の額だけ減らすため、次のように記入します。

(借)	(貸) 仕　　入 50,000

② 次に、¥50,000 の在庫を次期に繰り越します。そこで、繰越商品勘定の借方に ¥50,000 と記入して、商品を来年に繰り越します。

(借) 繰 越 商 品 50,000	(貸) 仕　　入 50,000

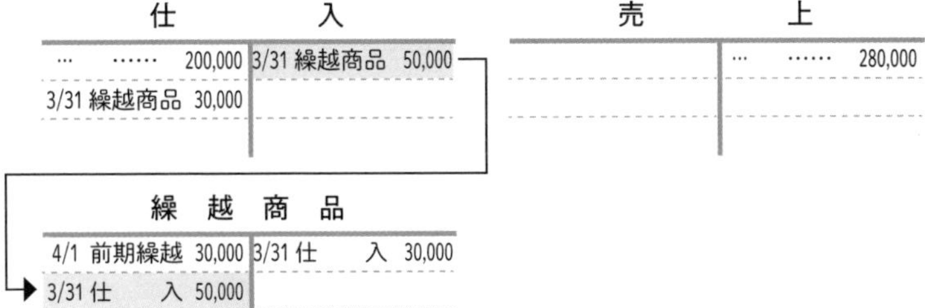

なお、仕訳を転記した後の仕入勘定の残高は売上原価の額、繰越商品勘定の残高は期末商品の額を示しています。

仕　入

借方	貸方
… …… 200,000	3/31 繰越商品 50,000
3/31 繰越商品 30,000	} 売上原価 ¥ 180,000

売　上

借方	貸方
	… …… 280,000

繰 越 商 品

借方	貸方
4/1 前期繰越 30,000	3/31 仕　入 30,000
3/31 仕　入 50,000	} 期末商品 ¥ 50,000

DAY5 はここまで。
次ページから
DAY６に入ります

9-3 貸倒れの見積り

カシダオレ（貸倒れ）。
貸したお金が返ってこなくなることを
貸倒れといいます。
ここでは、その処理を考えます。

貸倒れとは

取引先が倒産すれば売掛金や受取手形などの債権が返ってきません。これを貸倒れといいます。貸倒れによって当社も損が出ちゃいますね。

貸倒れの処理

貸倒れが発生したら、その損害額を貸倒損失勘定（費用）を用いて処理します。

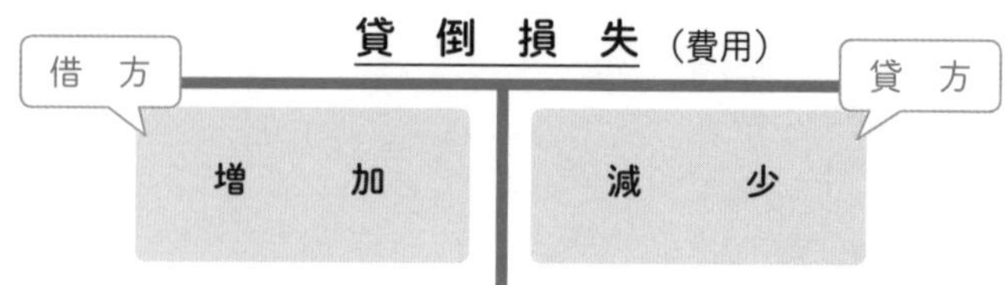

取　引

X1年3月10日　得意先コウモリ商事が倒産し、当期に生じた売掛金¥1,500が貸倒れになった。

3月10日	(借) 貸倒損失 費用の発生	1,500	(貸) 売掛金 資産の減少	1,500

① 売掛金が回収不能になりました。回収不能になった売掛金に価値はありません。そこで売掛金勘定（資産）の貸方に¥1,500と記入します。

② 貸倒れによる損害は、貸倒損失（かしだおれそんしつ）勘定（費用）で処理します。

貸倒れの見積り

決算時に貸倒引当金を計上することを**貸倒れの見積り**といい、次の２つの勘定で処理します。

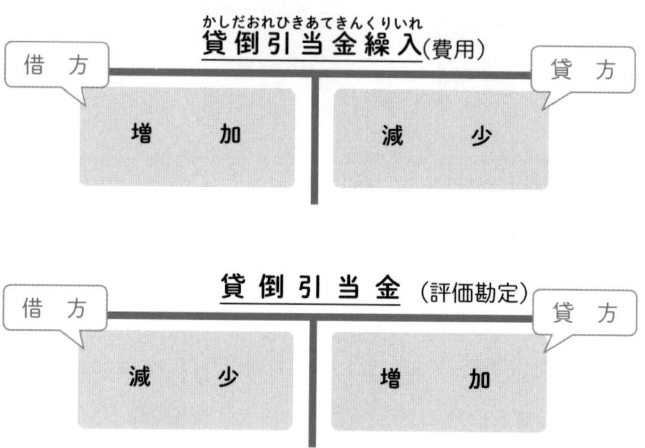

当期末の売掛金や受取手形のうち、来期に貸倒れが起こる可能性が高いとき、その金額を見積って、前もって当期の費用に計上する処理が必要です（貸倒れの見積り）。この費用を貸倒引当金繰入、そして貸倒れを見積った結果、発生する貸方科目が貸倒引当金です。

❶ 決算を迎えたとき

取　引

X1 年 3 月 31 日　決算において、売掛金の期末残高￥100,000に対して実績率※２％を用いて、貸倒れを見積った。

※実績率とは貸倒れになる割合のこと

決算整理仕訳

3月31日	(借) 貸倒引当金繰入 ①費用の発生	2,000	(貸) 貸倒引当金 ②評価勘定の増加	2,000

現在、貸倒れは起きていませんが、予防的に貸倒れになると考えられる額（貸倒予想額）を計算して、当期の費用に計上します。ちなみに、ここでは￥2,000（＝￥100,000 × 2%）が貸倒予想額です。

> 貸倒予想額：売掛金期末残高のうち、回収不能になると予想される額

① 貸倒予想額を当期の費用に計上するため、貸倒引当金繰入勘定（費用）の借方に記入します。

② 実際の貸倒れとは違うため、売掛金勘定を減らすことはできません。また貸倒額も不明です。そのため、代わりに貸倒引当金勘定（資産の評価勘定）の貸方に記入しておきます。

貸倒引当金勘定は、売掛金を間接的にマイナスするための勘定です。

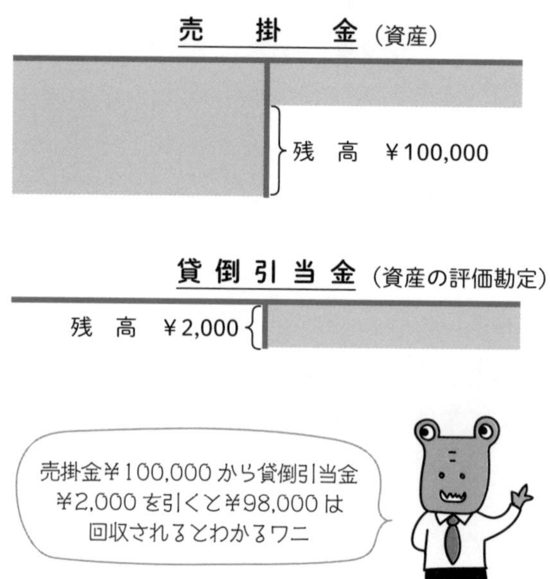

❷ 翌年になって貸倒れが発生したとき

翌年になり貸倒れが発生したときは、貸倒引当金を用いて処理します。

取　引　貸倒額 < 貸倒引当金残高

X1 年 4 月 15 日　得意先ハイエナ商事が倒産し、前年度から繰り越された売掛金￥1,800 が貸倒れになった。貸倒引当金残高は￥2,000 である。

貸倒れが発生したとき

4月15日	(借) 貸倒引当金 ②評価勘定の減少	1,800	(貸) 売　掛　金 ①資産の減少	1,800

① 貸倒れが発生したため、売掛金勘定（資産）の貸方に記入して、債権を減らします。

② 貸倒れに関する費用は前期に計上済みです。そのため、貸倒損失勘定は用いず、貸倒引当金勘定の借方に記入して貸倒引当金を減らします。

取　引　貸倒額 > 貸倒引当金残高

X1 年 4 月 15 日　得意先ハイエナ商事が倒産し、前年度から繰り越された売掛金￥2,500 が貸倒れになった。貸倒引当金残高は￥2,000 である。

貸倒れが発生したとき

4月15日	(借) 貸倒引当金 評価勘定の減少	2,000	(貸) 売　掛　金 資産の減少	2,500
	貸 倒 損 失 費用の発生	500		

貸倒額が貸倒引当金残高を超える場合、差額は**貸倒損失勘定**で処理します。

差額補充法（さがくほじゅうほう）

貸倒引当金の残高がある場合、差額補充法（さがくほじゅうほう）によって貸倒れを見積ります。

差額補充法：貸倒予想額と貸倒引当金残高との差額だけを補充計上する方法

❶ 貸倒れが発生したとき

取　引

X1 年 4 月 15 日　得意先ハイエナ商事が倒産し、売掛金￥1,800が貸倒れになった。貸倒引当金残高は￥2,000である。

■ 直前の勘定口座：

貸倒引当金

	4/1 前期繰越 2,000

貸倒れが発生したとき

4月15日	(借)	貸倒引当金 評価勘定の減少	1,800	(貸) 売　掛　金 資産の減少	1,800

これはすでに見た処理と同じですが、貸倒引当金の残高は¥2,000→¥200に変わっています。

❷ 決算になったとき

取　引

X2年3月31日　決算において、売掛金の期末残高¥110,000に対して実績率2％を用いて、差額補充法により貸倒れを見積った。なお、貸倒引当金の残高は¥200である。

決算整理仕訳

3月31日	(借) 貸倒引当金繰入 費用の発生	2,000	(貸) 貸倒引当金 評価勘定の増加	2,000

貸倒予想額：¥110,000 × 2％ ＝ ¥2,200

貸倒引当金繰入：¥2,200 － ¥200 ＝ ¥2,000

貸倒予想額は¥2,200ですが、貸倒引当金残高が¥200あります。貸倒予想額¥2,200を貸倒引当金に計上すると貸倒引当金が¥200超過します。

そのため、差額補充法によって、差額の￥2,000を貸倒引当金に計上します。

貸倒引当金繰入

借方	貸方
3/31 貸倒引当金 2,000	

貸倒引当金

借方	貸方
4/15 売掛金 1,800	4/1 前期繰越 2,000
	3/31 貸倒引当金繰入 2,000

この仕訳を転記した後は、貸倒引当金の残高は￥200→￥2,200に変わっています。

貸倒れの見積りは、売上原価の算定、減価償却と並んで、必ず出題される内容です。確認問題を使って復習してみてください。

償却債権取立益

前期以前にすでに貸倒れとして処理した債権を当期に回収した場合は、償却債権取立益勘定（収益）で処理します。

取　引

前期に貸倒れとして処理した売掛金￥10,000を現金で回収した。

(借) 現　金	10,000	(貸) 償却債権取立益	10,000
		収益の発生	

貸方を「売掛金」としたい衝動に駆られますが、売掛金はすでに貸倒れとして処理しています。それを思わぬ形で回収できたので、ラッキーでしたね。

確認問題

問題 9-1　次の取引を仕訳しなさい。勘定科目は次の中から選んで、記号で解答すること。

イ	貸倒引当金繰入	ロ	貸倒引当金	ハ	売掛金
ニ	貸倒損失				

令和２年４月 15 日　得意先が倒産し、売掛金￥1,800 が貸倒れになった。貸倒引当金残高は￥2,000 である。

令和３年３月 31 日　決算において、売掛金の期末残高￥110,000 に対して実績率２％を用いて、差額補充法により貸倒れを見積もった。なお、貸倒引当金の残高は￥200 である。

答案用紙 9-1

	借方科目	金額	貸方科目	金額
令和２年 ４月15日				
令和３年 ３月31日				

9-4 費用(ひよう)・収益(しゅうえき)の繰延(くりの)べ

クリノベ（繰延べ）。
普段、私たちは「日程を繰り延べましょう」などといい、
延期の意味で使っています。
しかし簿記では、ちょっと違った意味で使っています。
簿記特有の手続きですが、費用を正しく計算するためのものです。

費用の繰延(くりの)べとは

当期に支払った費用のうち、この中に含まれる来期の費用を当期の費用から除くための手続です。
当期の費用から除くことを「繰り延べる」といいます。

なぜ必要なの？

繰延べの処理は、なぜ必要なのでしょうか。
それは当期に払った費用がすべて当期分とは限らないからです。
次の例では、11 月 1 日に一括払いした 12 ヵ月分の保険料のうち、
7 ヵ月分が来期分です。そのため当期の費用から取り除きます。

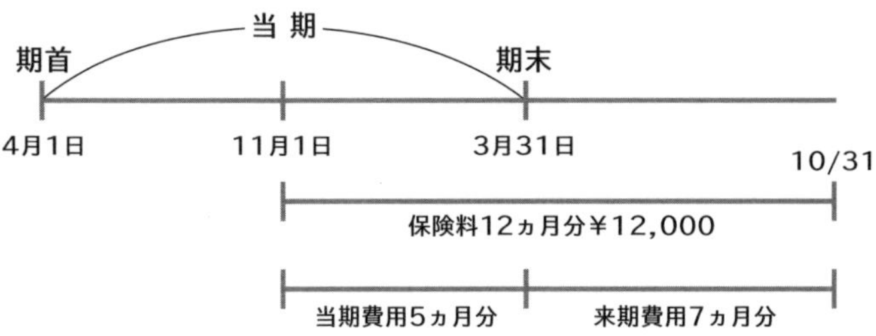

繰延べの処理

費用の繰延べの処理では、費用の勘定と前払費用の勘定を用いて処理します。

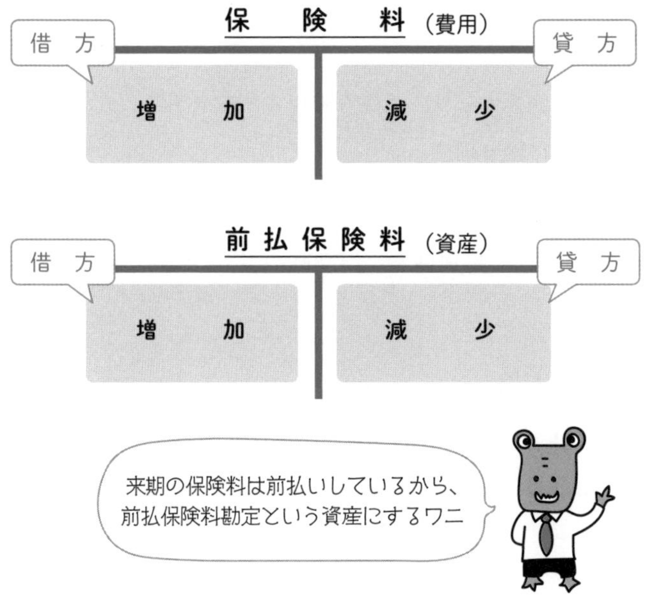

※ ここでは保険料勘定と前払保険料勘定を用いて説明しますが、費用の種類によって使い分けます。
（例）支払利息勘定と前払利息勘定、支払家賃勘定と前払家賃勘定など

❶ 保険料などの費用を支出したとき

取　引

11 月 1 日　自動車保険の保険料 1 年分を一括払いし、￥12,000 を現金で支払った。

11月1日	(借)	保　険　料 費用の発生	12,000	(貸) 現　　　金 資産の減少	12,000

今回支払った保険料は 11 月 1 日から来年の 10 月 31 日までの 12 ヵ月分の保険料です。

❷ 決算になり、費用を繰り延べたとき

取　引

3 月 31 日　決算となり、上記保険料のうち来期分 7 ヵ月分を次期に繰り延べた。

3月31日	(借)	前払保険料 資産の増加	7,000	(貸) 保　険　料 費用の消滅	7,000

① 11 月 1 日に支払った保険料の中には、

★ 当期分が 5 ヵ月分(11 月 1 日から 3 月 31 日まで)

★ 来期分が 7 ヵ月分(4 月 1 日から 10 月 31 日まで)

含まれます。

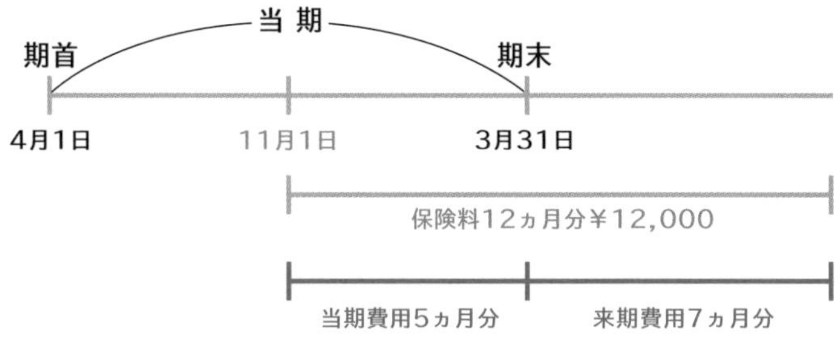

そこで、来期分７ヵ月分について、次のように仕訳して保険料から減らします。

(借)	(貸) 保　険　料　7,000

ちなみに¥7,000の計算は、

・まずひと月分を求める → ¥12,000÷12ヵ月＝ ¥1,000/月
・当期分は何ヵ月か ──→ ５ヵ月分
・来期分は何ヵ月か ──→ ７ヵ月分

だから ¥1,000 × ７ヵ月 ＝ ¥7,000
と考えます。
ひと月あたりいくら、というところが大事なポイントです。

これで当期の保険料は¥12,000→¥5,000になりました

② 次に、来年分の保険料 ¥7,000 はすでに前払いしています。そこで、目には見えないですが、在庫（資産）として次期に繰り延べます。

（借）前払保険料　7,000（貸）保　険　料　7,000

そのためには、上にあるように前払保険料勘定（資産）を使って次期に繰り延べます。
これが費用の繰延べの決算整理仕訳です。

試験などでは、下記のように図を作って計算します。次の手順で作成してください。

イ　当会計期間を書きます。

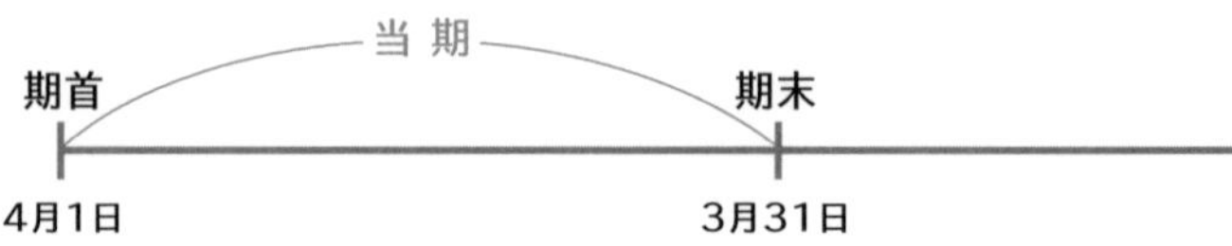

ロ　保険料の支払日・期間・金額を書きます。

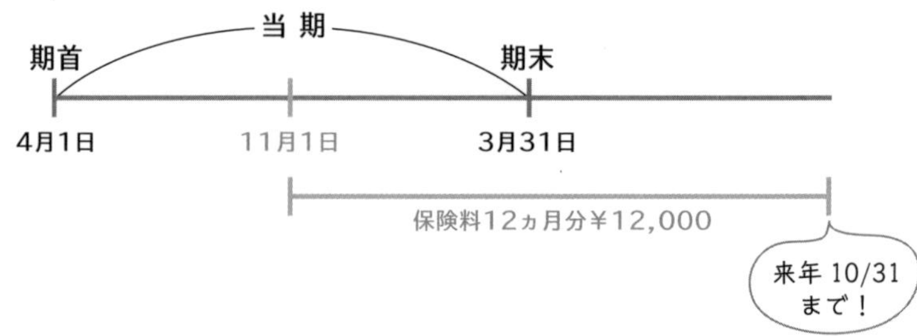

ハ　保険料を当期分と来期分に分けます。

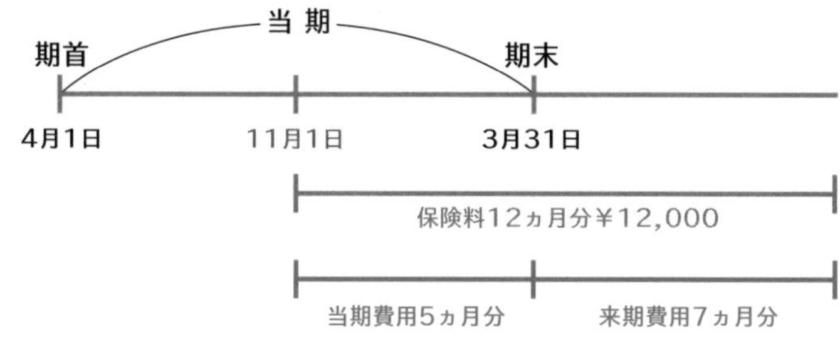

まとめ

この結果、当期の保険料は ¥5,000（= ¥12,000 − ¥7,000）となり、

★ 当期の費用が正しく計上できた
★ 来期の費用は、資産として繰り延べることができた

ことになります。

なお、収益の繰延べという手続きもありますが、費用の繰延べと考え方は一緒です。

9-5 費用・収益の見越し

ミコシ（見越し）。
「将来を見通すこと」や「将来を予測する」ことを見越しというようです。

費用の見越しとは

簿記上の見越しも意味が似ていて、当期に発生した費用のうち、現金で支払っていないため未計上の費用を当期の費用に計上することをいい、「見越し」で計上するというようにつかいます。
当期の費用に加えることを「見越し」計上するといいます。

なぜ必要なの？

費用の見越しはなぜ必要なのでしょうか。
それは当期に計上すべき費用が計上されていないからです。

次の例で解説します。例えば、借入れから５ヵ月が経過して支払い利息が発生しているとします。

下の図では、借入れから５ヵ月が経過して、支払利息が発生しています。

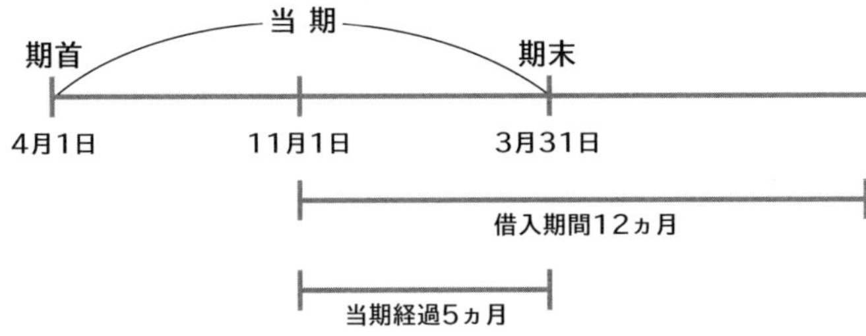

しかし、現金で支払っていないため計上されていません。そこで、この利息を当期の費用に計上します。

費用の見越しの処理

費用の見越し計上では、費用の勘定と未払費用の勘定を用いて処理します。

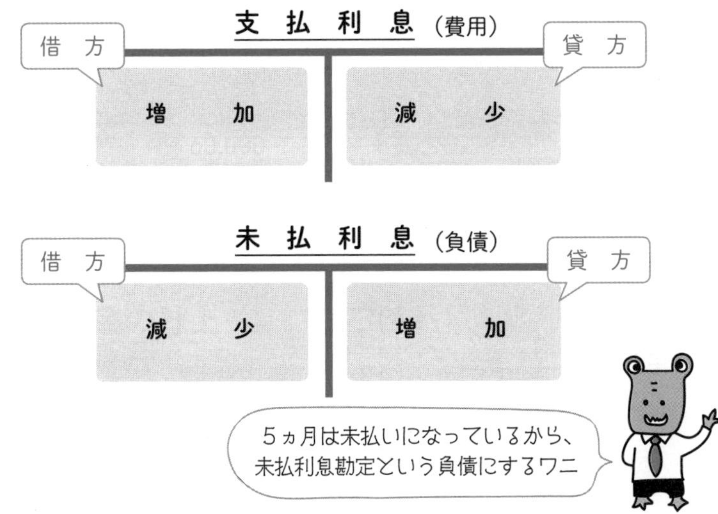

※ ここでは支払利息勘定と未払利息勘定を用いて説明しますが、費用の種類によって使い分けます。
（例）支払家賃勘定と未払家賃勘定、支払手数料勘定と未払手数料勘定など

❶ 費用発生の原因となる出来事が起こったとき

取　引

11 月 1 日　本日、借入期間 1 年、利率年 6 % の条件で ¥1,000,000 を現金で借り入れた。借入金の利息は返済時に全額を支払う約束である。

11月1日	(借) 現　　　金 資産の増加	1,000,000	(貸) 借　入　金 負債の増加	1,000,000

借入金の利息は返済時に全額を支払う約束です。そのため、借り入れのタイミングで支払利息は発生しません。

❷ 決算となったとき

取　引

3 月 31 日　決算となり、5 ヵ月分の支払利息について見越し計上を行った。

3月31日	(借) 支 払 利 息 費用の発生	25,000	(貸) 未 払 利 息 負債の増加	25,000

① お金を借りたのが 11 月 1 日のため、5 ヵ月分の利息が当期の費用となります。しかし、まだ支払っていないため、計上されていません。

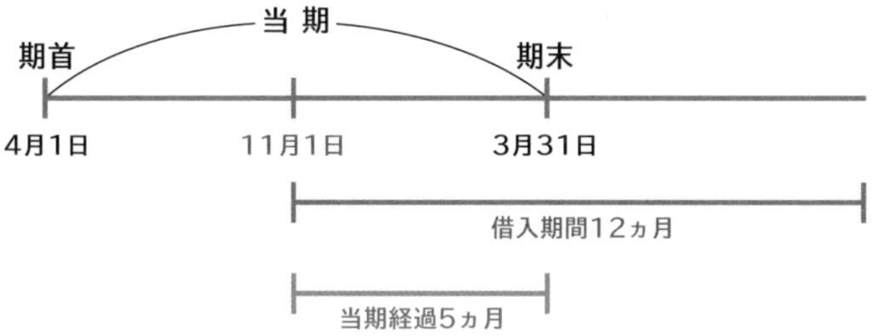

そこで、支払利息を計上します。

（借）支払利息 25,000（貸）

ちなみに￥25,000は、5ヵ月の経過期間に対するもので、次のように考えます。

・まず1年間の利息を計算する → ￥1,000,000 ×年6％ ＝ ￥60,000
・次にひと月分を求める ──→ ￥60,000 ÷ 12ヵ月 ＝ ￥5,000
・当期経過分は何ヵ月か ──→ 5ヵ月分（11/1～3/31）

だから￥5,000 × 5ヵ月 ＝ ￥25,000

と考えています。ここでも**ひと月いくら**、というところが大事なポイントです。

② 次にまだ現金で支払っていないため、

（借）支払利息 25,000（貸）未払利息 25,000

と仕訳して、負債として計上します。

DAY 1 chapter 1 2
DAY 2 chapter 3 4
DAY 3 chapter 5 6
DAY 4 chapter 7
DAY 5 chapter 8 9
DAY 6 chapter 9
DAY 7 chapter 10

図を書いてみよう

イ　当会計期間を書きます。

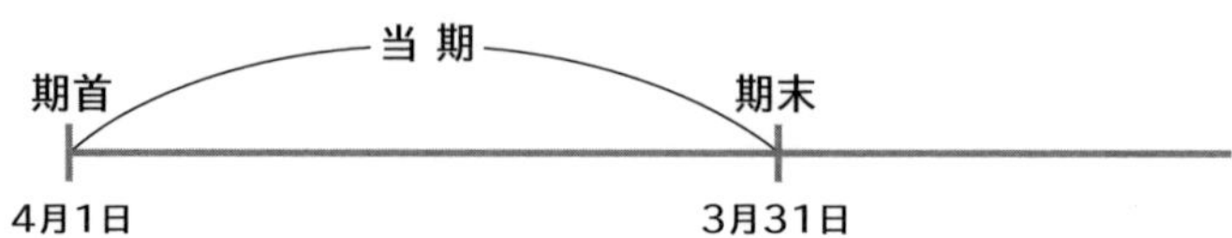

ロ　借入期間、月数などを書きます。

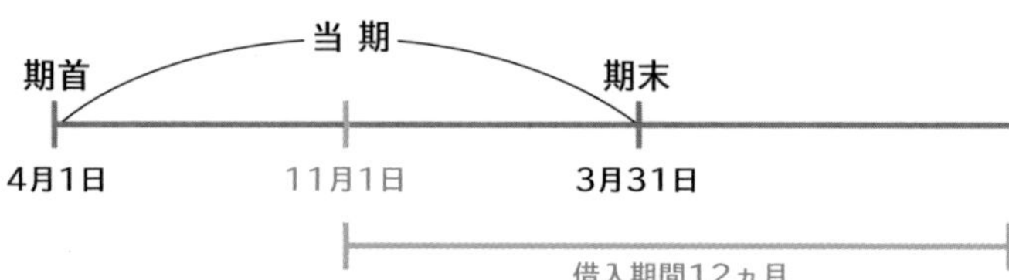

ハ　当期経過分は何ヵ月分かを書きます。

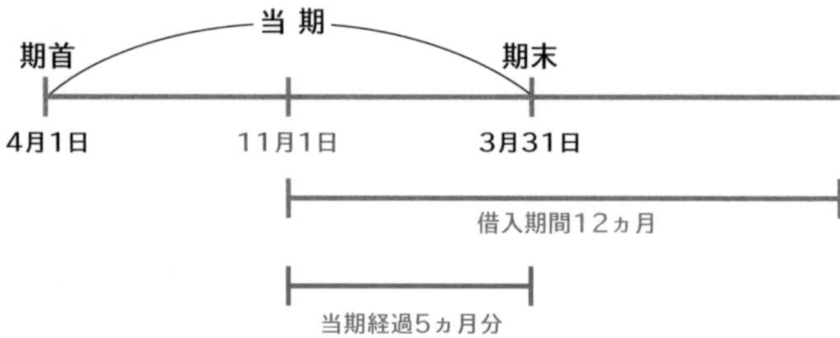

まとめ

この結果、当期の支払利息は ¥25,000 となり、

★ 当期の正しい費用が計上できた
★ 未払分は負債として計上することができた

ことになります。

なお、収益の見越しという手続きもありますが、費用の見越しと考え方は一緒です。

確認問題

問題 9-2　次の取引を仕訳しなさい。勘定科目は次の中から選んで、記号で解答すること。

イ	現　金	ロ	保　険　料	ハ	前払保険料

11 月 1 日　自動車保険の保険料 1 年分 ¥12,000 を一括払いし、本日、現金で支払った。

3 月 31 日　決算となり、7 ヵ月分の次期保険料を繰り延べた。

答案用紙 9-2

	借方科目	金　額	貸方科目	金　額
11月1日				
3月31日				

問題 9-3 次の取引を仕訳しなさい。勘定科目は次の中から選んで、記号で解答すること。

イ	現　　　金	ロ	借　入　金	ハ	支払利息
ニ	未払利息				

11月1日　本日、借入期間1年、利率年6％の条件で ¥1,000,000 を現金で借り入れた。借入金の利息は返済時に全額を支払う約束である。

3月31日　決算となり、5ヵ月分の支払利息について見越し計上を行った。

答案用紙 9-3

	借方科目	金　額	貸方科目	金　額
11月1日				
3月31日				

第10章

精算表・財務諸表

10-1 精算表（せいさんひょう）

セイサンヒョウ（精算表）。

精算表は簿記の手続上、必ず作成するものではありません。

しかし、利益がいくら出たのか？

資産や負債の残高はどれだけあるのか？

をすばやく確認するためには便利なものです。

ここでは精算表について考えてみましょう。

精算表（せいさんひょう）とは

精算表は、決算整理前残高試算表と決算整理記入から、損益計算書と貸借対照表ができるプロセスを一覧表にしたものです。

決算が完了するまでにひと月ほどかかります。当期純利益などをいち早く知りたい場合、精算表が便利です

精　算　表

勘定科目	残高試算表		修正記入		損益計算書		貸借対照表	
	借　方	貸　方	借　方	貸　方	借　方	貸　方	借　方	貸　方
現　　　金	4,000						4,000	
当 座 預 金	6,000						6,000	
売　掛　金	8,000						8,000	
繰 越 商 品	1,000		3,600	1,000			3,600	
備　　　品	10,000						10,000	

精算表の作成手順

❶ 修正記入欄に決算整理仕訳を記入する

❷ 収益・費用の残高を損益計算書欄に書き移す

❸ 資産・負債・純資産を貸借対照表欄に書き移す

❹ 損益計算書、貸借対照表でそれぞれ当期純利益を計算して記入し、一致したら締め切る

精　算　表

勘定科目	残高試算表		修正記入 ❶		損益計算書 ❷		貸借対照表 ❸	
	借　方	貸　方	借　方	貸　方	借　方	貸　方	借　方	貸　方
現　金	4,000						4,000	
当座預金	6,000						6,000	
売掛金	8,000						8,000	
繰越商品	1,000		3,600	1,000			3,600	
備　品	10,000						10,000	
買掛金		7,000						7,000
借入金		8,000						8,000
貸倒引当金		100		60				160
資本金		10,000						10,000
繰越利益剰余金		3,900						3,900
売　上		27,000				27,000		
仕　入	21,000		1,000	3,600	18,400			
給　料	3,660				3,660			
支払家賃	2,100			150	1,950			
支払利息	240		160		400			
	56,000	56,000						
貸倒引当金繰入			60		60			
減価償却費			1,250		1,250			
減価償却累計額				1,250				1,250
未払利息				160				160
前払家賃			150				150	
当期純（利益） ❹					1,280			1,280
			6,220	6,220	27,000	27,000	31,750	31,750

一致

精算表を実際に作ってみよう

例　題　**精算表の作成**

次の期末修正事項および決算整理事項にもとづいて答案用紙の精算表に記入し完成しなさい（会計期間はX1年4月1日からX2年3月31日までの1年間）。

決算整理事項等：

1. 売掛金の期末残高に対して2％の貸倒引当金を差額補充法により計上する。
2. 期末商品棚卸高は￥3,600である。売上原価は仕入の行で計算する。
3. 当期期首に取得した備品について、残存価額を0、耐用年数を8年とする定額法により減価償却を行う。
4. 借入金はX1年6月1日に借入期間1年、利率年6％で借り入れたもので、利息は11月末日と返済日に6ヵ月分をそれぞれ支払うことになっている。利息の計算は月割による。
5. 支払家賃のうち￥900はX1年11月1日に向こう6ヵ月分を支払ったものである。そこで、前払分を月割により計上する。

答案用紙

精　算　表

勘定科目	残高試算表		修正記入		損益計算書		貸借対照表	
	借　方	貸　方	借　方	貸　方	借　方	貸　方	借　方	貸　方
現　　金	4,000							
当座預金	6,000							
売　掛　金	8,000							
繰越商品	1,000							
備　　品	10,000							
買　掛　金		7,000						
借　入　金		8,000						
貸倒引当金		100						
資　本　金		10,000						
繰越利益剰余金		3,900						
売　　上		27,000						
仕　　入	21,000							
給　　料	3,660							
支払家賃	2,100							
支払利息	240							
	56,000	56,000						
貸倒引当金繰入								
減価償却費								
減価償却累計額								
未払利息								
前払家賃								
当期純（　　）								

解　答

精　算　表

勘定科目	残高試算表		修正記入		損益計算書		貸借対照表	
	借　方	貸　方	借　方	貸　方	借　方	貸　方	借　方	貸　方
現　　金	4,000						4,000	
当座預金	6,000						6,000	
売 掛 金	8,000						8,000	
繰越商品	1,000		3,600	1,000			3,600	
備　　品	10,000						10,000	
買 掛 金		7,000						7,000
借 入 金		8,000						8,000
貸倒引当金		100		60				160
資 本 金		10,000						10,000
繰越利益剰余金		3,900						3,900
売　　上		27,000				27,000		
仕　　入	21,000		1,000	3,600	18,400			
給　　料	3,660				3,660			
支払家賃	2,100			150	1,950			
支払利息	240		160		400			
	56,000	56,000						
貸倒引当金繰入			60		60			
減価償却費			1,250		1,250			
減価償却累計額				1,250				1,250
未払利息				160				160
前払家賃			150				150	
当期純（利益）					1,280			1,280
			6,220	6,220	27,000	27,000	31,750	31,750

ステップ1 決算整理仕訳を書き出す

	仕	訳		
	借方科目	金額	貸方科目	金額
1	貸倒引当金繰入	60	貸倒引当金	60
2	仕入 繰越商品	1,000 3,600	繰越商品 仕入	1,000 3,600
3	減価償却費	1,250	減価償却累計額	1,250
4	支払利息	160	未払利息	160
5	前払家賃	150	支払家賃	150

1．貸倒れの見積り

残高試算表・売掛金

貸倒引当金繰入：¥8,000 × 2％ − ¥100 ＝ ¥60

残高試算表には貸倒引当金残高が¥100ある。気づいたかな？

2．売上原価の計算

「売上原価は仕入の行で計算すること」

とあります。これは仕入勘定を使って売上原価を算定せよ、という意味です。

1 段目の仕訳は期首商品棚卸高の金額で行い、
2 段目の仕訳は期末商品棚卸高の金額で行う
ことに注意してください。
期首商品棚卸高の ¥1,000 は残高試算表・繰越商品から、
期末商品棚卸高の ¥3,600 は問題資料に与えられています。

> 期首商品のように答案用紙に答えがあるものがあるんだ。必ずチェックしてね

3．固定資産の減価償却

減価償却費：¥10,000 × $\frac{1年}{8年}$ ＝ ¥1,250

（残高試算表・備品）

4．費用の見越し

（残高試算表・借入金）

1 年分の利息：¥8,000 × 6% ＝ ¥480

1 ヵ月分の利息：¥480 ÷ 12 ヵ月＝¥40

未払分：¥40 × 4 ヵ月＝¥160

（X1 年 12 月 1 日～X2 年 3 月 31 日までの 4 ヵ月分が未払い）

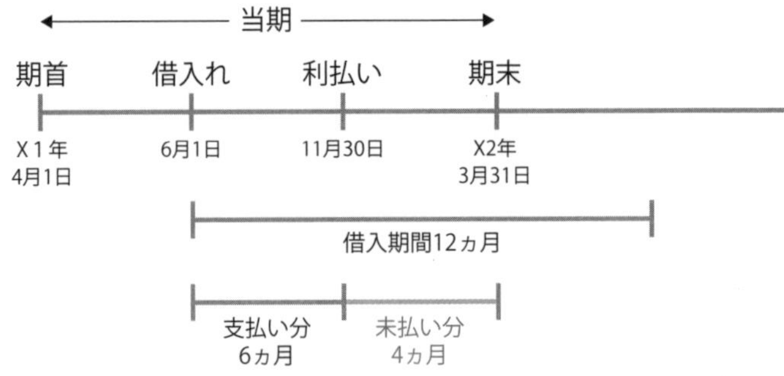

「当期の費用だけど、未払いのため計上されていない」4ヵ月分を未払費用に計上します。

6月1日～11月30日までの利息はもう払っているよ。注意してほしいワニ

5．費用の繰延べ

1ヵ月分の家賃：¥900 ÷ 6ヵ月 ＝ ¥150

前払分：¥150 × 1ヵ月 ＝ ¥150

（X2年3月31日まで5ヵ月経過。未経過分は1ヵ月分）

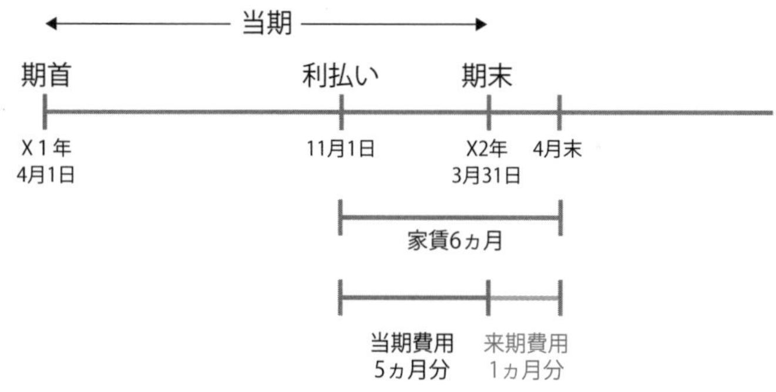

「当期に支払ったけれど、当期の費用じゃない」1ヵ月分を前払費用に計上します。

ステップ2 決算整理仕訳を修正記入欄へ

決算整理仕訳を修正記入欄に記入します。

仕訳するといっても、勘定科目はすでに書かれています。

そのため、借方・貸方の金額のみを記入します。

例

貸倒引当金繰入：借方に「60」
貸倒引当金：貸方に「60」

(1) 貸倒れの見積り

（貸倒引当金繰入）　60（貸倒引当金）　60

精算表

勘定科目	残高試算表		修正記入		損益計算書		貸借対照表	
	借方	貸方	借方	貸方	借方	貸方	借方	貸方
貸倒引当金		100		60				
貸倒引当金繰入			60					

その他の修正記入も同様に記入していきます。

(2) 売上原価の算定

(仕　　　　入) 1,000 (繰　越　商　品) 1,000

(繰　越　商　品) 3,600 (仕　　　　入) 3,600

精　算　表

勘定科目	残高試算表		修正記入		損益計算書		貸借対照表	
	借　方	貸　方	借　方	貸　方	借　方	貸　方	借　方	貸　方
繰越商品	1,000		3,600	1,000				
仕　入	21,000		1,000	3,600				

(3) 固定資産の減価償却

(減価償却費) 1,250 (減価償却費累計額) 1,250

精　算　表

勘定科目	残高試算表		修正記入		損益計算書		貸借対照表	
	借　方	貸　方	借　方	貸　方	借　方	貸　方	借　方	貸　方
減価償却費			1,250					
減価償却累計額				1,250				

(4) 費用の見越し

(支 払 利 息) 160 (未 払 利 息) 160

▼

精　算　表

勘定科目	残高試算表		修正記入		損益計算書		貸借対照表	
	借　方	貸　方	借　方	貸　方	借　方	貸　方	借　方	貸　方
支 払 利 息	240		160					
未 払 利 息				160				

(5) 費用の繰延べ

(前 払 家 賃) 150 (支 払 家 賃) 150

▼

精　算　表

勘定科目	残高試算表		修正記入		損益計算書		貸借対照表	
	借　方	貸　方	借　方	貸　方	借　方	貸　方	借　方	貸　方
支 払 家 賃	2,100			150				
前 払 家 賃			150					

すべての決算整理仕訳を記入したら、修正記入欄の合計を算出し、貸借が一致するか確認します。

未払利息				160				
前払家賃			150					
当期純（　）								
			6,220	6,220				

一致

いちばん大切なことが、貸借一致の確認です。

一致していない状況で損益計算書などを作ってもムダだからです。

ステップ3 損益計算書欄・貸借対照表欄に記入

次のように進めていきます。

〔残高試算表欄〕＋〔修正記入欄〕
＝〔損益計算書欄〕・〔貸借対照表欄〕のデータ

なお、

収益と費用 → 損益計算書欄
資産・負債・純資産 → 貸借対照表欄

に移します。

(1) 貸倒れの見積り

精　算　表

勘定科目	残高試算表		修正記入		損益計算書		貸借対照表	
	借方	貸方	借方	貸方	借方	貸方	借方	貸方
貸倒引当金		100		60				160
貸倒引当金繰入			60		60			

100+60=160

修正記入欄・借方から

(2) 売上原価の算定

精　算　表

勘定科目	残高試算表		修正記入		損益計算書		貸借対照表	
	借方	貸方	借方	貸方	借方	貸方	借方	貸方
繰越商品	1,000		3,600	1,000			3,600	
仕入	21,000		1,000	3,600	18,400			

1,000+3,600−1,000=3,600

21,000+1,000−3,600=18,400

(3) 固定資産の減価償却

精　算　表

勘定科目	残高試算表		修正記入		損益計算書		貸借対照表	
	借方	貸方	借方	貸方	借方	貸方	借方	貸方
減価償却費			1,250		1,250			
減価償却累計額				1,250				1,250

修正記入欄・借方から

修正記入欄・貸方から

(4) 費用の見越し

精　算　表

勘定科目	残高試算表		修正記入		損益計算書		貸借対照表	
	借　方	貸　方	借　方	貸　方	借　方	貸　方	借　方	貸　方
支払利息	240		160		400			
未払利息				160				160

240+160=400

修正記入欄・貸方から

(5) 費用の繰延べ

精　算　表

勘定科目	残高試算表		修正記入		損益計算書		貸借対照表	
	借　方	貸　方	借　方	貸　方	借　方	貸　方	借　方	貸　方
支払家賃	2,100			150	1,950			
前払家賃			150				150	

2,100−150=1,950

修正記入欄・借方から

ステップ4 当期純利益の算定

損益計算書上で**当期純利益**を算定します。

貸倒引当金		100		60				160
資本金		10,000						10,000
繰越利益剰余金		3,900						3,900
売上		27,000				27,000		
仕入	21,000		1,000	3,600	18,400			
給料	3,660				3,660			
支払家賃	2,100			150	1,950			
支払利息	240		160		400			
	56,000	56,000						
貸倒引当金繰入			60		60			
減価償却費			1,250		1,250			
減価償却累計額				1,250				1,250
未払利息				160				160
前払家賃			150				150	
当期純（利益）					1,280			1,280
			6,220	6,220	27,000	27,000	31,750	31,750

収益の合計:27,000

費用の合計:25,720

27,000－25,720＝1,280

精　算　表

勘定科目	残高試算表		修正記入		損益計算書		貸借対照表	
	借方	貸方	借方	貸方	借方	貸方	借方	貸方
現金	4,000						4,000	
当座預金	6,000						6,000	
売掛金	8,000						8,000	
繰越商品	1,000		3,600	1,000			3,600	
備品	10,000						10,000	
買掛金		7,000						7,000
借入金		8,000						8,000
貸倒引当金		100		60				160
資本金		10,000						10,000
繰越利益剰余金		3,900						3,900
売上		27,000				27,000		
仕入	21,000		1,000	3,600	18,400			
給料	3,660				3,660			
支払家賃	2,100			150	1,950			
支払利息	240		160		400			
	56,000	56,000						
貸倒引当金繰入			60		60			
減価償却費			1,250		1,250			
減価償却累計額				1,250				1,250
未払利息				160				160
前払家賃			150				150	
当期純（利益）					1,280			1,280
			6,220	6,220	27,000	27,000	31,750	31,750

資産の合計:31,750

負債＋純資産の合計:30,470

31,750－30,470＝1,280

損益計算書・貸借対照表それぞれの当期純利益が一致したら、合計額の記入を行って締め切ります。

どうでしたか？

精算表で最終的に作るのは、損益計算書と貸借対照表です。

そのため、当期純利益や資産・負債・純資産の残高をすばやく知ることができます。

また財務諸表作成の流れとも一致するため、学習簿記上は、精算表がとても大切です。

簡単な流れが頭に入ったら、確認問題を繰り返してみましょう。

確認問題

問題 10-1　精算表の作成

次の期末修正事項および決算整理事項にもとづいて答案用紙の精算表に記入し完成しなさい（会計期間は X1 年 4 月 1 日から X2 年 3 月 31 日までの 1 年間）。

決算整理事項等：

1．売掛金の期末残高に対して 2 %の貸倒引当金を差額補充法により計上する。

2．期末商品棚卸高は ¥ 3,600 である。売上原価は仕入の行で計算する。

3．当期期首に取得した備品について、残存価額を 0 、耐用年数を 8 年とする定額法により減価償却を行う。

4．借入金は X1 年 6 月 1 日に借入期間 1 年、利率年 6 %で借り入れたもので、利息は 11 月末日と返済日に 6 ヵ月分をそれぞれ支払うことになっている。利息の計算は月割による。

5．支払家賃のうち ¥ 900 は X1 年 11 月 1 日に向こう 6 ヵ月分を支払ったものである。そこで、前払分を月割により計上する。

答案用紙 10-1

薄い文字を、上からペンでなぞって完成してください。

精　算　表

勘定科目	残高試算表		修正記入		損益計算書		貸借対照表	
	借　方	貸　方	借　方	貸　方	借　方	貸　方	借　方	貸　方
現　金	4,000						4,000	
当座預金	6,000						6,000	
売掛金	8,000						8,000	
繰越商品	1,000		3,600	1,000			3,600	
備　品	10,000						10,000	
買掛金		7,000						7,000
借入金		8,000						8,000
貸倒引当金		100		60				160
資本金		10,000						10,000
繰越利益剰余金		3,900						3,900
売　上		27,000				27,000		
仕　入	21,000		1,000	3,600	18,400			
給　料	3,660				3,660			
支払家賃	2,100			150	1,950			
支払利息	240		160		400			
	56,000	56,000						
貸倒引当金繰入			60		60			
減価償却費			1,250		1,250			
減価償却累計額				1,250				1,250
未払利息				160				160
前払家賃			150				150	
当期純（利益）					1,280			1,280
			6,220	6,220	27,000	27,000	31,750	31,750

10-2 財務諸表（ざいむしょひょう）

ザイムショヒョウ。

決算書ともいいます。

企業は1年間の活動内容を財務諸表として報告します。

ここでは、簿記の締めくくりである財務諸表の作成について考えましょう。

財務諸表（ざいむしょひょう）とは

貸借対照表と損益計算書の２つが、財務諸表です。

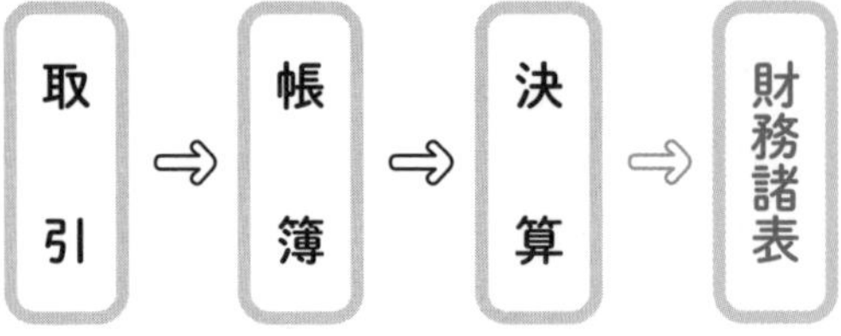

簿記は、企業の活動を記録して決算を行い、最後に経営成績や財政状態の報告を財務諸表によって行います。

財務諸表は“わかりやすさ”を重視

財務諸表は外部に公開するもののため、元々、わかりやすさ（明瞭性）を重視しています。

帳簿はわかる人がわかればいい、というものです。

しかし、他人に見せることが前提の財務諸表は表示上のルールがあります。ここはしっかりと押さえておきましょう。

貸借対照表作成のポイント

❶ **貸倒引当金・減価償却累計額**
⇨控除形式で表示します。

❷ **期末繰越商品**
⇨商品と表示します。

❸ **前払家賃・未払利息**
⇨前払費用・未払費用と表示します。

❹ **繰越利益剰余金**
⇨当期純利益が含まれています。

損益計算書作成のポイント

❺ **仕　入** ⇨ 売上原価として表示します。

❻ **売　上** ⇨ 売上高として表示します。

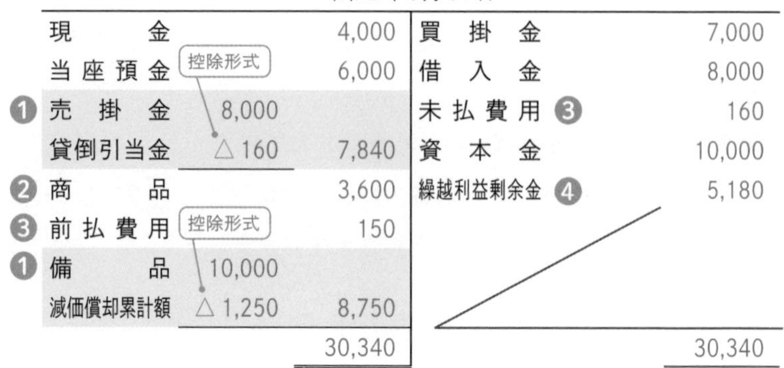

貸借対照表

令和2年3月31日

	資産			負債・純資産	
	現金		4,000	買掛金	7,000
	当座預金		6,000	借入金	8,000
❶	売掛金	8,000		未払費用 ❸	160
	貸倒引当金	△160	7,840	資本金	10,000
❷	商品		3,600	繰越利益剰余金 ❹	5,180
❸	前払費用		150		
❶	備品	10,000			
	減価償却累計額	△1,250	8,750		
			30,340		30,340

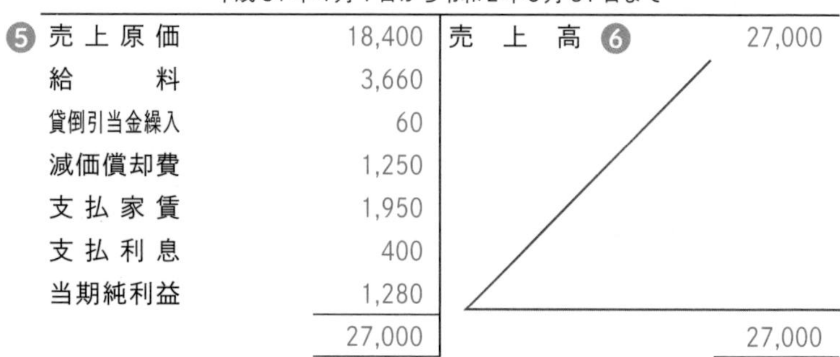

損益計算書

平成31年4月1日から令和2年3月31日まで

	費用		収益	
❺	売上原価	18,400	売上高 ❻	27,000
	給料	3,660		
	貸倒引当金繰入	60		
	減価償却費	1,250		
	支払家賃	1,950		
	支払利息	400		
	当期純利益	1,280		
		27,000		27,000

では解いてみよう

例　題　**貸借対照表と損益計算書**

次の(1)決算整理前勘定残高および(2)期末修正事項にもとづいて、答案用紙の貸借対照表と損益計算書に記入し完成しなさい（会計期間は X1 年 4 月 1 日から X2 年 3 月 31 日までの 1 年間）。

（1）決算整理前勘定残高（単位：円）

現金	4,000	当座預金	6,000	売掛金	8,000	繰越商品	1,000
備品	10,000	買掛金	7,000	借入金	8,000	貸倒引当金	100
資本金	10,000	繰越利益剰余金	3,900	売上	27,000	仕入	21,000
給料	3,660	支払家賃	2,100	支払利息	240		

（2）期末修正事項等：

1．売掛金の期末残高に対して 2 %の貸倒引当金を差額補充法により計上する。

2．期末商品棚卸高は￥3,600 である。

3．当期期首に取得した備品について、残存価額を 0、耐用年数を 8 年とする定額法により減価償却を行う。

4．借入金は X1 年 6 月 1 日に借入期間 1 年、利率年 6 %で借り入れたもので、利息は 11 月末日と返済日に 6 ヵ月分をそれぞれ支払うことになっている。利息の計算は月割による。

5．支払家賃のうち￥900 は X1 年 11 月 1 日に向こう 6 ヵ月分を支払ったものである。そこで、前払分を月割により計上する。

答案用紙

貸借対照表

X2年3月31日

現金		(　　)	買掛金	(　　)
当座預金		(　　)	借入金	(　　)
売掛金	(　　)		(　)費用	(　　)
貸倒引当金	(△　　)	(　　)	資本金	(　　)
商品		(　　)	繰越利益剰余金	(　　)
前払費用		(　　)		
備品	(　　)			
減価償却累計額	(△　　)	(　　)		
		(　　)		(　　)

損益計算書

X1年4月1日からX2年3月31日まで

売上原価	(　　)	売上高	(　　)
給料	(　　)		
貸倒引当金繰入	(　　)		
減価償却費	(　　)		
支払家賃	(　　)		
支払利息	(　　)		
当期純(　)	(　　)		
	(　　)		(　　)

解　答

貸　借　対　照　表

X2年3月31日

現　　金		(4,000)	買　掛　金	(7,000)
当座預金		(6,000)	借　入　金	(8,000)
売　掛　金	(8,000)		(未払) 費用	(160)
貸倒引当金	(△160)	(7,840)	資　本　金	(10,000)
商　　品		(3,600)	繰越利益剰余金	(5,180)
前払費用		(150)		
備　　品	(10,000)			
減価償却累計額	(△1,250)	(8,750)		
		(30,340)		(30,340)

損　益　計　算　書

X1年4月1日からX2年3月31日まで

売上原価	(18,400)	売　上　高	(27,000)
給　　料	(3,660)		
貸倒引当金繰入	(60)		
減価償却費	(1,250)		
支払家賃	(1,950)		
支払利息	(400)		
当期純 (利益)	(1,280)		
	(27,000)		(27,000)

精算表作成のイメージでいけ！

精算表は、貸借対照表・損益計算書ができるプロセスを一覧表にしたもののため、同じ結果になります。

そのため、財務諸表の作成は、精算表作成のイメージでいけ！　ということなんですね。

同じ問題資料から作った精算表です。どうでしょう？

見比べたら一目瞭然！　同じ結果になっていることがわかります。

精　算　表

勘定科目	残高試算表		修正記入		損益計算書		貸借対照表	
	借　方	貸　方	借　方	貸　方	借　方	貸　方	借　方	貸　方
現　金	4,000						4,000	
当座預金	6,000						6,000	
売掛金	8,000						8,000	
繰越商品	1,000		3,600	1,000			3,600	
備　品	10,000						10,000	
買掛金		7,000						7,000
借入金		8,000						8,000
貸倒引当金		100		60				160
資本金		10,000						10,000
繰越利益剰余金		3,900						3,900
売　上		27,000				27,000		
仕　入	21,000		1,000	3,600	18,400			
給　料	3,660				3,660			
支払家賃	2,100			150	1,950			
支払利息	240		160		400			
	56,000	56,000						
貸倒引当金繰入			60		60			
減価償却費			1,250		1,250			
減価償却累計額				1,250				1,250
未払利息				160				160
前払家賃			150				150	
当期純（利益）					1,280			1,280
			6,220	6,220	27,000	27,000	31,750	31,750

貸借対照表と同じ

損益計算書と同じ

財務諸表攻略法

すこし前置きが長かったんですが、次のような手順で攻略します。

★ 決算整理仕訳を書き出す
★ 決算整理仕訳を決算整理前の勘定残高に加算・減算する
★ 結果を答案用紙に記入する

ステップ1 決算整理仕訳

下書き用紙に決算整理仕訳を行います。慣れてきたら重要な仕訳のみ行い、それ以外は省略してもいいと思います。

	仕訳			
	借方科目	金額	貸方科目	金額
1	貸倒引当金繰入	60	貸倒引当金	60
2	仕入 繰越商品	1,000 3,600	繰越商品 仕入	1,000 3,600
3	減価償却費	1,250	減価償却累計額	1,250
4	支払利息	160	未払利息	160
5	前払家賃	150	支払家賃	150

ステップ2 決算整理前残高に加算・減算

決算整理前残高に、決算整理仕訳の結果を加算・減算していきます。

1．貸倒れの見積り

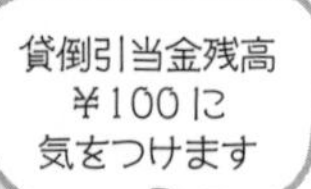

貸倒引当金繰入：¥8,000 × 2% − ¥100 = ¥60

貸 倒 引 当 金：¥100 + ¥60 = ¥160

2．売上原価の計算

１段目の仕訳は期首商品棚卸高で行い、２段目の仕訳は期末商品棚卸高で行います。

期首商品棚卸高は ¥1,000（残高試算表・繰越商品残高）

期末商品棚卸高は ¥3,600（問題資料から）

商　　品：¥3,600

売上原価：¥1,000 + ¥21,000 − ¥3,600 = ¥18,400

3．固定資産の減価償却

減 価 償 却 費：¥10,000 × $\frac{1年}{8年}$ = ¥1,250

減価償却累計額：¥1,250

4．費用の見越し

¥8,000 × 6％ × $\frac{4ヵ月}{12ヵ月}$ = ¥160

（X1年12月1日〜X2年3月31日までの4ヵ月分が未払い）

支払利息：¥240 + ¥160 = ¥400

未払費用：¥160

5．経過勘定（前払費用）

¥900 × $\frac{1ヵ月}{6ヵ月}$ = ¥150

（X2年3月31日まで5ヵ月経過。未経過分は1ヵ月分）

支払家賃：¥2,100 − ¥150 = ¥1,950

前払費用：¥150

ステップ3 その他の項目の記入

決算整理に関係のない項目（例：現金・当座預金・売上高など）は、最後にそのまま答案用紙に記入します。

なお、精算表の作成と違って、繰越利益剰余金は次のように計算します。

繰越利益剰余金：¥3,900（決算整理前残高） + ¥1,280（当期純利益） = ¥5,180

これは、当期純利益の分だけ、繰越利益剰余金が増えるためです。

確認問題

問題 10-2 **貸借対照表と損益計算書**

P317 の問題に基づき、答案用紙の貸借対照表と損益計算書に記入しなさい。

答案用紙 10-2

薄い文字を、上からペンでなぞって完成してください。

貸借対照表

X2 年 3 月 31 日

現金		(4,000)	買掛金	(7,000)
当座預金		(6,000)	借入金	(8,000)
売掛金	(8,000)		(未払) 費用	(160)
貸倒引当金	(△160)	(7,840)	資本金	(10,000)
商品		(3,600)	繰越利益剰余金	(5,180)
前払費用		(150)		
備品	(10,000)			
減価償却累計額	(△1,250)	(8,750)		
		(30,340)		(30,340)

損益計算書

X1 年 4 月 1 日から X2 年 3 月 31 日まで

売上原価	(18,400)	売上高	(27,000)
給料	(3,660)		
貸倒引当金繰入	(60)		
減価償却費	(1,250)		
支払家賃	(1,950)		
支払利息	(400)		
当期純 (利益)	(1,280)		
	(27,000)		(27,000)

問題 10-3

以下の（1）～（5）の決算整理事項を参照し、精算表に記入しなさい。会計期間は× 2 年 4 月 1 日から× 3 年 3 月 31 日とする。

（1） 期末商品棚卸高は￥2,000 である。売上原価は仕入の行で計算する。

精　算　表

勘定科目	残高試算表		修正記入		損益計算書		貸借対照表	
	借　方	貸　方	借　方	貸　方	借　方	貸　方	借　方	貸　方
繰 越 商 品	3,000							
仕　　入	10,000							

（2） 備品について、残存価額を 0、耐用年数を 6 年とする定額法により減価償却を行う。

精　算　表

勘定科目	残高試算表		修正記入		損益計算書		貸借対照表	
	借　方	貸　方	借　方	貸　方	借　方	貸　方	借　方	貸　方
備　　品	18,000							
減価償却累計額		6,000						
減 価 償 却 費								

（3） 受取手形および売掛金期末残高に対して、3 %の貸倒れを見積もる。貸倒引当金の設定は差額補充法による。

精　算　表

勘定科目	残高試算表		修正記入		損益計算書		貸借対照表	
	借　方	貸　方	借　方	貸　方	借　方	貸　方	借　方	貸　方
受 取 手 形	4,000							
売 掛 金	6,000							
貸倒引当金		100						
貸倒引当金繰入								

(4) 貸付金は×２年12月１日に貸付期間１年、利率年1.2%で貸し付けたもので、利息は元金と共に返済時に受け取ることになっている。利息の計算は月割による。

精　算　表

勘定科目	残高試算表		修正記入		損益計算書		貸借対照表	
	借　方	貸　方	借　方	貸　方	借　方	貸　方	借　方	貸　方
貸　付　金	10,000							
受取利息								
(　　)利息								

(5) 支払家賃のうち¥1,200は×２年11月１日に向こう６ヵ月分を支払ったものである。そこで、前払い分を月割により計上する。

精　算　表

勘定科目	残高試算表		修正記入		損益計算書		貸借対照表	
	借　方	貸　方	借　方	貸　方	借　方	貸　方	借　方	貸　方
支払家賃	4,800							
(　　)家賃								

確認問題・解答

問題3-1 P.075

	借方科目	金額	貸方科目	金額
4月 1日	イ	10,000	ホ	10,000
4月 5日	ヘ	8,000	イ	8,000
4月 8日	イ	20,000	ホ	20,000
4月12日	ハ	20,000	イ	20,000

問題3-2 P.087

(1)

	借方科目	金額	貸方科目	金額
3月 1日	ロ	3,000	イ	3,000
3月 5日	ホ	2,000	ロ	2,000
3月31日	ニ	1,000	ロ	1,000

(2)

	借方科目	金額	貸方科目	金額
3月31日	イ	500	ハ	500

問題3-3 P.104

(1)

	借方科目	金額	貸方科目	金額
11月 1日	ロ	100,000	イ	100,000
11月10日	ニ	150,000	ロ	150,000
3月31日	ロ	50,000	ホ	50,000

(2)

	借方科目	金額	貸方科目	金額
11月30日	ハ	3,000	ロ	8,000
	ニ	1,000		
	ホ	2,000		
	ヘ	2,000		

問題 3-4 P.106

	借方科目	金額	貸方科目	金額
11月10日	ハ	10,000	イ	10,000
3月 2日	ハ	11,000	ハ	10,000
			ホ	1,000

問題 3-5 P.106

	借方科目	金額	貸方科目	金額
11月 2日	ロ	30,000	イ	30,000
11月15日	ハ	2,000	ロ	10,000
	ニ	8,000		

問題 4-1 P.119

	借方科目	金額	貸方科目	金額
3月 10 日	ハ	10,000	ロ	10,000
3月 20 日	イ	12,000	ニ	12,000
3月 31 日	ホ	2,000	ハ	2,000

問題 4-2 P.129

(1)

	借方科目	金額	貸方科目	金額
3月 10 日	ハ	10,000	ニ	10,000
3月 20 日	ニ	10,000	ロ	10,000

(2)

	借方科目	金額	貸方科目	金額
3月 20 日	ホ	12,000	ヘ	12,000
4月 10 日	イ	12,000	ホ	12,000

問題 4-3 P.143

（1）

	借方科目	金額	貸方科目	金額
3月10日	ハ	10,000	ニ	10,000
3月15日	ニ	1,000	ハ	1,000
4月28日	ホ	12,000	ヘ	12,000
4月30日	ヘ	750	ホ	750

（2）

	借方科目	金額	貸方科目	金額
3月10日	ハ	11,000	ニ	10,000
			イ	1,000
6月15日	ホ	12,000	ヘ	12,000
	ロ	1,000	イ	1,000

問題 5-1 P.166

	借方科目	金額	貸方科目	金額
2月10日	ロ	20,000	ホ	20,000
3月10日	ハ	50,000	ロ	20,000
			ヘ	30,000

問題 5-2 P.167

	借方科目	金額	貸方科目	金額
2月10日	イ	20,000	ハ	20,000
3月10日	ハ	20,000	ホ	50,000
	ニ	30,000		

問題5-3 P.168

	借方科目	金額	貸方科目	金額
1.	ヘ	10,000	ハ	10,000
2.	ハ	10,000	チ	10,000
3.	チ	10,000	ロ	10,000
4.	ニ	10,000	ホ	10,000
5.	ト	10,000	ニ	10,000
6.	ロ	10,000	ト	10,000

問題6-1 P.187

	借方科目	金額	貸方科目	金額
1月10日	ロ	150,000	ホ	100,000
			ヘ	50,000
1月31日	イ	150,000	ロ	150,000

問題6-2 P.187

	借方科目	金額	貸方科目	金額
9月10日	ロ	80,000	ニ	80,000
9月30日	ニ	80,000	イ	80,000

問題6-3 P.195

	借方科目	金額	貸方科目	金額
9月25日	ヘ	100,000	ハ	10,000
			ニ	8,000
			ホ	2,000
			イ	80,000
10月 5日	ハ	10,000	イ	12,000
	ホ	2,000		
10月31日	ニ	8,000	イ	16,000
	ロ	8,000		

問題6-4 P.202

	借方科目	金額	貸方科目	金額
8月10日	ロ	50,000	イ	50,000
8月20日	ニ	48,000	ロ	50,000
	イ	2,000		
8月25日	ロ	10,000	イ	10,000
8月31日	ホ	1,000	ロ	4,000
	ニ	3,000		

問題6-5 P.203

	借方科目	金額	貸方科目	金額
8月12日	イ	60,000	ハ	60,000
8月15日	ハ	60,000	ホ	20,000
			ニ	40,000

問題7-1 P.221

	借方科目	金額	貸方科目	金額
4月 1日	イ	7,500,000	ハ	7,500,000
9月10日	イ	9,000,000	ハ	9,000,000

問題8-1 P.256

	借方科目	金額	貸方科目	金額
4月1日	ロ	60,000	ヘ	60,000
3月31日	ニ	18,000	ホ	18,000

問題8-2 P.257

	借方科目	金額	貸方科目	金額
(1)	イ	50,000	ロ	60,000
	ホ	18,000	ヘ	8,000
(2)	イ	38,000	ロ	60,000
	ホ	18,000		
	ハ	4,000		

問題8-3 P.258

	借方科目	金額	貸方科目	金額
10月31日	ハ	2,000	イ	5,000
	二	3,000		
3月31日	ロ	2,000	ハ	500
			二	1,500

問題8-4 P.258

	借方科目	金額	貸方科目	金額
2月23日	ホ	30,000	イ	33,000
	ロ	3,000		
3月12日	イ	44,000	ヘ	40,000
			ハ	4,000
3月31日	ハ	4,000	ロ	3,000
			二	1,000

問題9-1 P.287

	借方科目	金額	貸方科目	金額
令和2年 4月15日	ロ	1,800	ハ	1,800
令和3年 3月31日	イ	2,000	ロ	2,000

問題9-2 P.299

	借方科目	金額	貸方科目	金額
11月1日	ロ	12,000	イ	12,000
3月31日	ハ	7,000	ロ	7,000

前払保険料：$¥12,000 \times \frac{7}{12} = ¥7,000$

問題9-3 P.300

	借方科目	金額	貸方科目	金額
11月1日	イ	1,000,000	ロ	1,000,000
3月31日	ハ	25,000	ニ	25,000

未払利息：$¥1,000,000 \times 6\% \times \frac{5}{12} = ¥25,000$

問題10-3 P.331

（1）

精　算　表

勘定科目	残高試算表		修正記入		損益計算書		貸借対照表	
	借方	貸方	借方	貸方	借方	貸方	借方	貸方
繰越商品	3,000		2,000	3,000			2,000	
仕入	10,000		3,000	2,000	11,000			

繰越商品（B/S）：¥3,000 + ¥2,000 − ¥3,000 = ¥2,000
仕　　入（P/L）：¥10,000 + ¥3,000 − ¥2,000 = ¥11,000

（2）

精　算　表

勘定科目	残高試算表		修正記入		損益計算書		貸借対照表	
	借方	貸方	借方	貸方	借方	貸方	借方	貸方
備品	18,000						18,000	
減価償却累計額		6,000		3,000				9,000
減価償却費			3,000		3,000			

減価償却費（P/L）：¥18,000 ÷ 6年 = ¥3,000
減価償却累計額（B/S）：¥6,000 + ¥3,000 = ¥9,000

（3）

精　算　表

勘定科目	残高試算表		修正記入		損益計算書		貸借対照表	
	借　方	貸　方	借　方	貸　方	借　方	貸　方	借　方	貸　方
受取手形	4,000						4,000	
売掛金	6,000						6,000	
貸倒引当金		100		200				300
貸倒引当金繰入			200		200			

貸倒予想額（B/S）：(¥4,000 + ¥6,000) × 3 % = ¥300
貸倒引当金繰入（P/L）：¥300 − ¥100 = ¥200

（4）

精　算　表

勘定科目	残高試算表		修正記入		損益計算書		貸借対照表	
	借　方	貸　方	借　方	貸　方	借　方	貸　方	借　方	貸　方
貸付金	10,000						10,000	
受取利息				40		40		
(未収)利息			40				40	

× 2 年 12 月 1 日から × 3 年 3 月 31 日までの 4 ヵ月分の受取利息を計上します。
未収利息（B/S）：¥10,000 × 1.2% × 4 ヵ月 ÷ 12 ヵ月 = ¥40

（5）

精　算　表

勘定科目	残高試算表		修正記入		損益計算書		貸借対照表	
	借　方	貸　方	借　方	貸　方	借　方	貸　方	借　方	貸　方
支払家賃	4,800			200	4,600			
(前払)家賃			200				200	

× 2 年 11 月 1 日に支払った半年分の家賃 ¥1,200 のうち、1 ヵ月分（× 3 年 4 月分）が前払いのため、次期に繰り延べます。
前払家賃（B/S）：¥1,200 × 1 ヵ月 ÷ 6 ヵ月 = ¥200
支払家賃（P/L）：¥4,800 − ¥200 = ¥4,600

★索　引★

本書の特典のご案内

● 電子版
本書の全文および補習用電子版(PDF)をダウンロードできます。

※下記の特典については、インプレスの特典コーナーから著者のホームページ等にアクセスして入手・または利用する方式となります。

● Web動画解説や電子版(トレーニング問題)
本書の解説動画やトレーニング問題の電子版を利用できます。

● スマホで出来る仕訳問題集 Web アプリ

特典をご利用・入手するには、以下の URL の「特典」コーナーにアクセスしてください。

(インプレス書籍サイト)

URL：https://book.impress.co.jp/books/1123101132

※ 特典のご利用には、無料の読者会員システム「CLUB Impress」への登録が必要となります。

※ 本特典のご利用は、書籍をご購入いただいた方に限ります(なお、特典入手時にお手元に本書をお持ちでない場合は、利用できませんのでご注意ください)。

※ 本特典の提供予定期間は、いずれも本書発売より３年間となります。

※ 全文電子版 PDF は印刷できません。

STAFF

編　　集　大西強司（とりい書房有限会社）
　　　　　片元　諭　・　瀧坂　亮

制　　作　井出敬子

イラスト　井出敬子

校　　正　山田行奈　・　詩　起

編 集 長　玉巻秀雄

■商品に関する問い合わせ先
このたびは弊社商品をご購入いただきありがとうございます。本書の内容などに関するお問い合わせは、下記のURLまたは二次元バーコードにある問い合わせフォームからお送りください。
https://book.impress.co.jp/info/
上記フォームがご利用いただけない場合のメールでの問い合わせ先
info@impress.co.jp
※お問い合わせの際は、書名、ISBN、お名前、お電話番号、メールアドレス に加えて、「該当するページ」と「具体的なご質問内容」「お使いの動作環境」を必ずご明記ください。なお、本書の範囲を超えるご質問にはお答えできないのでご了承ください。

●電話やFAXでのご質問には対応しておりません。また、封書でのお問い合わせは回答までに日数をいただく場合があります。あらかじめご了承ください。
●インプレスブックスの本書情報ページ https://book.impress.co.jp/books/1123101132 では、本書のサポート情報や正誤表・訂正情報などを提供しています。あわせてご確認ください。
●本書の奥付に記載されている初版発行日から1年が経過した場合、もしくは本書で紹介している製品やサービスについて提供会社によるサポートが終了した場合はご質問にお答えできない場合があります。

■落丁・乱丁本などの問い合わせ先
FAX 03-6837-5023
service@impress.co.jp
※古書店で購入された商品はお取り替えできません。

1週間で日商簿記3級に合格できる
テキスト&問題集 第3版

2024年 3月11日 初版発行
2024年 7月21日 第1版第3刷発行

著　者　山田裕基
発行人　高橋隆志
発行所　株式会社インプレス
〒101-0051 東京都千代田区神田神保町一丁目105番地
ホームページ https://book.impress.co.jp/

印刷所　日経印刷株式会社

ISBN978-4-295-01868-1 C2034

Printed in Japan